Grete Fischer

Letzter Sommer in Ostpreußen

Erzählungen

Husum

Umschlagbild: Olaf Jernberg, „Mittag bei der Ernte im Samland“
(Mit freundlicher Erlaubnis des Dr. Wolfgang Schwarze Verlages
dem Kalender „Ostpreußen und seine Maler 1982“ entnommen)

CIP-Kurztitelaufnahme der Deutschen Bibliothek

Fischer, Grete:
Letzter Sommer in Ostpreußen : Erzählungen /
Grete Fischer. – Husum : Husum Druck- und
Verlagsges., 1986.
(Husum-Taschenbuch)
ISBN 3-88042-294-X

Satz: Fotosatz Husum GmbH
Druck und Verarbeitung: Husum Druck- und Verlagsgesellschaft
Postfach 1480, D-2250 Husum
ISBN 3-88042-294-X

Wir sind gegangen . . .
Die Ströme haben deswegen ihren Lauf
Nicht unterbrochen –
Auch die Ufer sind geblieben . . . dort.
Mit den Blumen und den Blättern der Bäume
Spielt noch immer der Wind . . .
Nur in meinem alten Kahn
Schaukelt sich jetzt
Ein anderes, ein fremdes –
Und ich wünschte
Auch wie einst –
Ein fröhliches Kind.

An meine Leser ein paar Worte zu diesem Buch

Oft, sehr oft bin ich gefragt worden, wie es denn möglich sei, so viel, so ausgiebig und genau über eine Landschaft zu schreiben, in die man nicht hineingeboren wurde, in der man nicht aufwuchs. Wie kann man über Land und Menschen so viel erzählen, wenn man nur eine relativ kurze Zeitspanne (kaum drei Jahre) dort zuhause war und mit ihnen gelebt hat? Es ist das dort erlebte Glück, es ist das einst durchlittene Leid, was mich immer wieder zu Feder und Papier greifen läßt, es ist der Wunsch, meine Erinnerungen mit denen zu teilen, die das Land genauso geliebt haben wie ich.

Der ostpreußische Dichter Fritz Kudnig hat auf eine ähnliche Frage eine auch für mich sehr zutreffende Antwort gewußt: Wir werden vom Schicksal immer gerade dahin gestellt, wo wir etwas unserem Wesen Entsprechendes zu erfüllen haben.

Und der große ostpreußische Schriftsteller Ernst Wiechert sagt in ‚Jahre und Zeiten' von sich selbst:
... jedes reiche Leben ruht wohl zuletzt nicht auf der Fülle der Erlebnisse, sondern auf der Inbrunst, mit der man sich ihnen geöffnet hat, so daß sie tief auf den Grund des Herzens fallen können, wo sie dann unverlierbar ruhen ... ruhen wie die Steine, die in einen Brunnen gefallen sind ... – Auch ich habe solch einen Brunnen. Wir alle haben ihn. Und wenn so ein ‚Stein der Erinnerung' aufleuchtet, wenn er strahlend sichtbar wird, dann ist es wohl das schönste für jeden von uns: sich an seinem Glanz zu freuen, zu erwärmen.

Grete Fischer

Letzter Sommer

Begonnen hatte es wie immer – so, wie all die Jahre zuvor. Mit aufbrechenden Knospen hatten Birken und Weiden an die Fensterscheiben gepocht, zaghaft erst – wie Kinder, die zu lange ausgeblieben und nun nicht sicher waren, ob es Strafe geben würde oder ob man froh war, daß sie nun endlich da waren.

Dann plötzlich, über Nacht, hatte der Wind einen grasgrünen Teppich über die Deiche und Dämme geweht; dem Sommer war es vorbehalten, sein Blumenmuster hineinzustreuen – und den Frauen und Mägden, ihre Wäsche darauf zu bleichen. Früh, wenn der Nebel noch über dem Fluß dampfte, rumpelten ihre Karren mit den schweren Körben dem Bleichplatz zu. In gemäßem Abstand watschelten die Gänsefamilien hinterdrein, sie hielten großes Geschnatter über ihre gerade ausgeschlüpfte Brut, die natürlich auch schon mit von der Partie war.

Mamache saß im Gärtchen vor dem Haus, neben sich ein dickes Knäuel ungebleichter Schafwolle. Nicht schwer zu erraten, was sie gerade strickte – Strümpfe, Pulswärmer!

„Aber Mamache, jetzt mitten im Sommer?"

Sie hatte viele Söhne zu bestricken, man sah es nicht nur an den klappernden Nadeln in ihren gichtigen Händen. Ab und an ruhten die gefaltet im Schoß, wie eben jetzt, oder sie blätterten behutsam in einem schon arg zerlesenen Brief. Man hätte den Krieg verleugnen können – die Welt rundherum war des Blühens voll –, wenn nicht die Briefe in den Händen der Alten gewesen wären. Sie las diese wohl, der immer schlechter werdenden Augen wegen, mehrmals am Tag.

Der alte Skroblies nebenan ging, sein Pfeifchen schmauchend, an stillen Abenden zwischen seinen Bienenkörben umher. „Gutes Jahr, Mamache, ich denk', wir werden massig Honig haben."

„Na ja, is man gut so."

Sie liebten das Plachandern über den Gartenzaun hinweg.

Von Atmath drüben konnte man oft das Rollen von Kutschen, das ungeduldige Trappeln der Pferde herannahen hören. Man nutzte die Sommertage, genoß diese warmen, friedvollen Stunden, ließ sich zerzausen vom Wind, der duftend und etwas salzig zugleich über das sommerliche Land wehte.

Die alte Fähre brachte Gespanne und lachende Menschen über den Fluß nach Elchwinkel, Stunde um Stunde. Dann ging es weiter nach Skirwieth, die Pferde liefen im fröhlichen Trab. Die gefräßige Vogelschar wartete und kadreierte in den Baumkronen, ob da unten wohl noch etwas zu holen sei.

Man schaffte schwer in den Felder, doch verstand man es, wie nirgendwo sonst, auch Feste zu feiern. Dieser Sommer forderte dazu heraus mit seinem Glühen und Blühen. Es war wie ein Taumel in Lust. Bei Buttkereit oder Petruweit aßen die Gäste gefüllten Hecht, man trank selbstgebrauten Obstwein dazu, hin und wieder ein Gläschen Bärenfang. Es war des Lachens, Lebens und Lärmens kein Ende.

In den kleinen Katen duftete aus großen, irdenen Schüsseln manch köstliche Buttermilchsuppe, und man brach dunkles, schweres Brot dazu, grad so aus dem alten Backofen. An Sonntagen zumal traf sich groß und klein, und es gab nicht selten Sauerampfer mit Klunkern. Zum guten Schluß, ehe die Teller gefüllt, schöpfte die Hausfrau süßen Schmant darüberhin.

In den Gärten wurden Himbeeren gepflückt, und roter Rips hing in schweren Trauben an riesigen Büschen. Schnitter auf den Feldern winkten mit großen rotweißen Schnupftüchern, ehe sie sich den Schweiß von der Stirn wischten. Man trug die Kornblumen in dicken Sträußen heimwärts auf den Tisch mit altem, handgewebtem Leinen darauf. Es sollte noch – später am Nachmittag – Beestwaffeln geben.

Die alte Liese hatte gekalbt, auch ein Grund zum Feiern, und ein Tutche Kaffee fand man noch immer in irgendeinem Eckchen. Auf der Memel schwammen kleine Ruder- und Paddelboote vergnüglich dahin. Dort, wo der Fluß sich teilt, glitten sie in den kleineren Flußbetten unter tief hängenden Weiden hinweg, weiter bis an das Haff. Dort, bei den Fischern, gab's dann frische gebratene oder geräucherte Aale und Makrelen. Erdmute holte danach aus dem Brunnen die gekühlte Milch und schöpfte die Becher voll, daß es schäumte. Vor der Kate sitzend winkten sie dann dem Kahn, der langsam durch das Haff von Nidden herüberkam, einen herzlichen „Guten Abend“ zu. Und der Glanz eines Sommertages verglühte langsam in den Gesichtern der Heimkehrenden. Zwei junge Leute hatten Räder dabei. Die waren schon von größerer Fahrt gekommen, von Memel vielleicht über Sandkrug, Schwarzort, Perwelk, Preil, Nidden – immer auf der alten Poststraße entlang dem Meer.

Auf Wiedersehen im nächsten Jahr! und sie winkten mit Taschentüchern. Von Heydekrug ging es dann weiter mit dem D-Zug zurück „ins Reich“.

Sie werden den Sommer nie vergessen, diese Ferientage am Meer, diese Stunden, wenn die Fischerkähne über das Haff heimwärts zogen. Sie wußten es schon, als der Zug sich in Bewegung setzte, viel zu schnell das Land, die blumigen Wiesen, Ährenfelder und Birkenwäldchen durchfuhr.

Die Sonne brannte heiß in diesem letzten Sommer, glühte in den Herzen der Menschen, als müsse sie eine Flamme darinnen entzünden, ein Feuer entfachen, daran sie sich wohl erwärmen konnten – später, in eisigkalten Winternächten.

Wo Milch und Honig fließen

Nein, es war nicht immer eitel Honigschlecken, das Leben einer Fürsorgerin im Osten, weit hinten an den Ufern des Memelstromes. Fürsorge – oh, sie nahm es wörtlich, dieses – für andere sorgen! Niemand machte es ihr leicht. Zumal in den ersten Monaten war es oft ein schwieriges Unterfangen, den mißtrauischen Leuten in den kleinen Dörfern der Niederung von sozialer Fürsorge zu sprechen – oder gar, sie an ihnen zu erfüllen! Sie hegten so mancherlei Zweifel gegen ‚solch junges Ding' aus dem Altreich. Und sagten es auch.

„Wo denkst mir hin, Schwesterchen, jeh, jeh, wir haben all immer so gelebt, was willst wissen? De Kinderchens sind glatt wie de Appelchens, na – und was mein Maanche is, unser Papache, dem hab ich man bloß erst neulich soon biestiges Jeschwür mit 'nem Pams von Roggenmehl und Honig aufgebracht. Nei, nei, Marjellchen, hier gibt's nix zu bekieken." Das war gelinde, sie konnten ihr Mißfallen auch deftiger ausdrükken, die Leutchen weit draußen zwischen Sand und Moor.

Die Schwester mochte sie trotzdem alle gern, ob borstig oder zugänglich. Sie gab nicht auf, radelte von Kate zu Kate, bemühte sich eifrig, mit ihnen zu plachandern, wie sie es gewohnt waren. Es gab bannig zu tun.

Dabei waren die Wege zu ihren kleinen Höfen oft eine Tagesreise, eine wirkliche Strapaze, durch Regen und Sturm, knietiefen Schnee oder glühenden Sand. Gerade denen, deren windschiefe Katen so weit verstreut lagen, fehlte oftmals das Nötigste fürs Kind oder für einen Kranken. Ein Arzt!

„Aber wo werd ich denn, er wird sich all wieder erkuwern." Damit hatte es sich dann.

Es war so ein richtig glimsriger Hochsommertag, als die derart Geplagte schweißtriefend ihr Stahlroß durch den heißen Sand schob, einer strohbedeckten Kate zu, froh, bald da zu sein. Neulich, als sie vorbeischauen wollte, war das Jungchen grad geboren worden, und die dicke, betagte Griebschmutter hatte sich im Stübchen derart ausgebreitet, daß für noch mehr Fürsorge unmöglich Platz war. Die Alte füllte mit ihrer Behäbigkeit und kräftigen Stimme das Häuschen ganz und bedeutete der Schwester, in zwei Wochen wiederzukommen.

Da war sie nun. Die junge Mutter werkelte hinter dem Haus auf dem Feld. Bei der Gluthitze. Ein ebenso junger Vater kam aus dem Haus.

„Scheren Se sich man bloß vom Hof . . oder ich mach dem

Hund los .. was wollnse eijentlich? Das Jungche da, unser Schiepelchen, – ich hab's jemacht, dasses bloß wissen, und ich werd ihm auch großbringen, dem Hanske. Ohne ihrem janzen Krätsch, dem Neumodschen. Und nu aber rauss – sag ich – rauss." Und er wies auf den Hund. „Übrigens, ich bin Sanitäter und hab grad mal Urlaub", das schrie er der zu Tode erschrokkenen Schwester noch nach.

Sitst, sitst, doa häst! – Das war deutlich und der Rückmarsch von drei Stunden noch beschwerlicher, denn nun taten nicht nur die Füße weh ... und was dauernd über die hochroten Wangen in den weißgestärkten Kragen rann, waren nicht bloß Schweißtropfen.

Damit war es allerdings nicht getan, denn ... zwei Wochen später verlangte man dringend nach der Schwester, nu aber ‚aufem Plutz'. Um ein ganz starkes Geschütz in Stellung zu bringen gegen den Sanitäter aus Leidenschaft, fuhr auf der Schwester Bitte der Doktor mit. Schade, der Sanitäter war schon wieder abgereist – aber leider erst, nachdem er Schaden genug angerichtet hatte.

Eine alte Holzwiege, mit zwei Stricken unter der schwarzverräucherten Decke befestigt, barg unser Jungchen. Das stöhnte, fieberte und hatte offensichtlich heftige Schmerzen; außerdem lief aus seinem kleinen Mund bei jeder schaukelnden Bewegung, die das strickende Ohmchen mit andauerndem Stoßen verursachte, etwas geronnene Flüssigkeit, die der Arzt dann als Magenblut konstatierte. Die Mutter wischte mit einem nicht ganz sauberen ‚Kodderche' abwechselnd dem Kind über die Lippen und sich über die schweißfeuchte Stirn. Ein verzweifelter Blick zum Doktor, den nächsten zur Schwester, die sich anschickte, den Kleinen auszuwindeln. Die Sonne, die heiß und grell über dem Land hing und trotzdem den dumpfen Raum der Kate nur mäßig erhellte, brachte es an den Tag – und des Doktors strenges Verhör dazu: der dreimalgescheite Sanitäter und Vater hatte dem Neugeborenen schiere Kuhmilch verordnet – statt des natürlichen Quells – und da hinein Honig an Stelle von Zucker gegeben. Das hatte das Maß voll und Jungchen krank gemacht. Dabei konnte das weiße Leinen der jungen Mutters Bluse die also mißachtete Nahrungsquelle kaum halten, es riß überall in den Nähten.

Der Doktor schwang drohend seinen Rezeptblock, die junge Mutter schaute ganz belämmert drein, er befahl ihr strengen Tones, die Bluse aufzuknöpfen und der Schwester, das Kind an die Stelle zu bringen, wohin es gehört. Als gleich darauf ein behagliches Schmatzen im Raum hörbar wurde, Ohmchen nickte und die Mutter ein schüchternes Lächeln wagte, da war die Behandlung beendet. Die Schwester rückte zufrieden ihre Haube gerade. Es hatte sich doch wieder einmal gelohnt.

Schlaraffenland

Es ging auf Martini zu. Man erkannte es am Laub der Birken, das sich golden färbte, an den Spinnenschleiern, die der Altweibersommer zur Zierde über die Puschinen gewebt hatte. Die Deiche leuchteten weithin. Grün und saftig. Stattliche Hühnervölker stolzierten mit fröhlichem Gegacker, lange Reihen dickbäuchiger Gänse watschelten gefräßig am Memelufer entlang. Ein blauer, wolkenloser Himmel spiegelte sich im Wasser des Stromes. Stand man auf der Luisenbrücke, spürte man schon den rauhen Herbstwind und bekam das Schubbern.

Doch der Anblick schneeweißen, gut gemästeten Federviehes machte einem das Blut warm. Sehnsüchtige Blicke! Die Geschmacksnerven vibrierten. Dort über dem Strom ... lag das Schlaraffenland! So wahr!

Zwar liefen dort keine gebratenen Gänse – das Tranchierbesteck im Rücken – zum Greifen auf dem Markt herum, keine gebackenen Tauben flogen in geöffnete Mäuler und die Straßen waren nicht mit Brot gepflastert, wie auch die Ziegel auf den Dächern nicht aus Kuchen geformt waren. Und doch und doch! In Übermemel konnten die Schlemmer sich ein lukullisches Stelldichein geben. Der Duft von Gebratenem und Gesottenem wehte mit einer starken Brise über die Memel nach Tilsit und ein Ahnen von süßem Schmant und nestfrischen Eiern lag in der Luft.

Und all die Herrlichkeiten für ein paar Dittchen man bloß. Aber ... aber ...!

Man schreibt das Jahr 1938. Hier, das heißt in Tilsit, werfen schon große Ereignisse ihre Schatten voraus – in Form eines Rationalisierungssystem, während drüben, im noch immer litauisch verwalteten Memelgebiet, ein Überfluß landwirtschaftlicher Erzeugnisse auf seine Konsumenten wartet.

Und der kleine Grenzverkehr macht's möglich! Über die Luisenbrücke geht eine junge stämmige Frau. Die Zollkontrolle diesseits der Memel hat sie passiert. Nun schreitet sie zügig und resolut dem verlockenden Ziel entgegen. Markttasche und Netz schwenkt sie vergnügt. Noch vergnügter und etwas verschmitzt lacht sie in sich hinein, fühlt mit der linken Hand die Körperseite ab, dort – wo bei den Männern die Brieftasche steckt; ein paar Kleiderlagen tiefer, hinter Spitzen und den Blicken der Zöllner wohlverborgen, ruhen warm und weich, wie in einem Nest, ein paar harte Drei-Reichsmarkstücke.

Schneller geht sie, als sei man ihr auf den Fersen. Überlegt, was sie drüben erstehen will, wie sie es verbergen und durch die Zollkontrolle schmuggeln wird. Für 3 Reichsmark darf sie offiziell einkaufen und nach Tilsit zurückbringen. Doch zuerst wird sie ins Gasthaus gehen, Gänsebraten will sie essen, Glumskuchen danach, mit einem Berg Sahne drauf. Ihr läuft das Wasser schon unter der Zunge zusammen. Und sie rechnet: Butter 1 Lit und 50 cent, mehr wird's nicht bringen. Na, und die Eier? 10–15 cent das Stück wird's sein.

Trautstes Leben – das wird ein Fest! Und sie hüpft drei vergnügte Polkaschritte . . . luchtern wie eine junge forsche Marjell. Sie greift sich schnell ans Herz, wo ihr Geheimnis ruht wie in einem Safe.

Also nochmal – 3 Reichsmark pro Person pro Tag, und 1 Mark ist gleich 1 Lit 50 cent. Für Speck, Eier, Butter und – na, mal sehn. Gänsegeschnatter scheucht sie aus ihren Gedanken hoch, sie kneift die Augen zusammen. Martinigänse – was 'ne Pracht!

Wieder fühlt sie, ob an ihrem ‚Geheimtresor' der Verschluß auch hält.

Bald hat sie den Marktplatz von Übermemel erreicht. Die Tore zum Schlaraffenland haben sich in Form von Wirtshaustüren vor ihren begehrlichen Augen aufgetan. Wer da wohl stören wollte!

Rosigrund und prall steht die Sonne über Tilsit, ein bißchen müde schon, bereit – ins Wolkenbett zu sinken. Ähnlich anzusehen, die Füße schwer und staubig, von wohligem Müdesein leicht schwankend, so betritt eine junge Frau an diesem Abend die Zollkontrolle in Tilsit. Tasche und Einkaufsnetz prallgefüllt. Der Zollbeamte blickt auf, stutzt und denkt: wie kann man bloß solche hochschwangere Frau so schwer tragen lassen. Wohlmeinend spricht er sie an: „Na, Frauchen, dann woll'n wir's man kurz machen." Die so Angesprochene nickt bloß und lächelt etwas gequält: „Hm . . . bin aasig verschwitzt von dem janzen Trubel." „Das sollen Sie wohl, zumal in ihrem Zustand, is doch än Weilchen zu laufen bis drüben." Komisch, denkt er, dieses Gesicht hast heut all gesehn, daß das Mensch guter Hoffnung ist, hast nie nich bemerkt, oller Dammelskopp. Und noch einmal freundlich nickend blickt er der jungen Frau ins Gesicht. Das verändert sich plötzlich wie ein Sommerhimmel bei Gewitter. Gott verdammich, denkt er, sie wird doch wohl nich . . .! Schon umfaßt die Frau mit beiden Händen ihren ‚gesegneten Umstand' und wehklagt zum Steinerweichen . . . ogoll, ogoll . . . was – was fiere Not . . . die sonst rosigen prallen Wangen sehen aus wie zwei Klumpen dreitagalter Glumse. Über die Lippen kommt nur noch ein Wimmern, leise, verzweifelt.

Andere Leute im Raum werden aufmerksam. Einige bemühen

sich um die Bedauernswerte. Die jedoch wehrt den hilfreichen Händen, versucht ins Freie zu gelangen . . . doch, zu spät, du rettest den Freund nicht mehr. Des Beamten Augen sind schreckweit geöffnet, eine Frau schreit . . . es kommt, es kommt . . . ein Kind weint, doch es ist nicht das zu erwartende. Ein Tumult wie in einem Gänsestall, wenn der Fuchs einbricht. Noch ein Schrei. Ein Plumps. Und da liegt die ‚Sturzgeburt': schneeweiß, mit schlankem Hals, sonst wohlgenährt und gut im Futter. Wieder ein Wimmern . . . auf 12 Lit hatte ich das Vieh runtergehandelt, und nu is der Gänsebraten für Martini zum Teufel . . . tiefe Stille. Dann dröhnendes Gelächter.

Der Zollbeamte wischt sich die Schweißperlen von der geröteten Stirn. Doch es gelingt ihm nicht mehr, eine strenge, gesetzlich vorgeschriebene Beamtenmiene aufzusetzen. Das verhindern die Lachfalten, die sich über sein ganzes Gesicht ausgebreitet haben. Er kann auch nur noch laut und befreit losprusten. Dann sagt er: „Schiet ob dem janzen Grenzverkehr", und legt der jungen Frau das ‚Neugeborene' in die ausgestreckten Arme.

Ende gut – alles gut.

Haus Rauten

Georgenswalde 1944. Klein, rosenumrankt – Haus Rauten. Lange, jahrelang gab es in dieser Eremitage keine anderen Laute als harmonisch tönende, die in leiser Müdigkeit sich ausschwingen, wie Abendglocken es tun. Sie gehörten zu dem Leben der weißhaarigen Hausherrin. Hier in dem Haus am Meer ruhte sie aus von einem Leben voller Arbeit, von einer mit Glück und Leid gesegneten Zeit, als Hausfrau eines großen Gutes irgendwo in Ostpreußen. Verwitwet nun, müde geworden all der Pflichten, lebte sie in einer friedvollen Gegenwart mit dem Reichtum ihrer Erinnerungen.

Der Krieg schien noch weit von hier – wo weiße Rosen ins Fenster hineinblühten und ihren Duft verströmten über Empire-Möbel, die sich reizvoll und behaglich zu einem zierlichen Bild gruppierten. Wie ein Hauch flog der Duft, haftete spürbar an einem Holzrahmen, bespannt mit einer Stoffarbeit aus Petit-point-Stickerei . . . und in der Halle glitt er leicht über die weißen und schwarzen Tasten eines Flügels. Klänge eines Menuetts mußten wie von selbst erklingen.

Hier, wo alles in Rosenduft eingehüllt und zu Traum und Märchen wurde, wo der Wellenschlag vom nahen Meer noch Ruhe und sogar Frieden verhieß, hier war jeder Klang leise, war die Zeit behutsam und still. Uhren, welche sie anzeigten, tickten noch nicht im Rhythmus einer Höllenmaschine, wie an allen anderen Orten in der Welt, ständig bereit, noch größere Katastrophen oder alles vernichtende Feuerstürme auszulösen: präzise, mit schlagender Genauigkeit und ungeheurer Wucht.

Es war nicht die Zeit für Träume und Märchen. Und doch hätten es die, welche eines Tages im Haus Rauten unfreiwillige Gäste wurden, so sehr gewünscht . . . träumen, nichts anderes tun, als zu träumen und leise Lieder zu singen, wenn eine Melodie zaghaft sich aus den Tasten des Flügels hob . . . oder kleine Sachen zu nähen, Hemdchen und Windeln vielleicht . . . Oder dann und wann im Sonnenschein einen kurzen Weg zu gehen zwischen Haselnuß- und Brombeerbüschen – die Früchte hingen schwer und reif – und am geöffneten Fenster sitzend diesen eigenartigen, nie vordem gespürten Duft zu atmen, wenn Rosen sammetweiß sich entfalten unter einem Wind, der herbsalzig vom nahen Meer darüberhin haucht. Nichts mehr wollten diese Frauen, die sich hier zusammengefunden hatten, nichts. Nur diese Stille und den Frieden spüren, auf daß Ruhe käme in das Flattern verängstigter Herzen, darunter Leben reifte, wie die

Frucht der Haselnuß, wie die blaue, glänzende Brombeere, wie eine zarte, weiße Rose.

Zehn Mütter, die in schicksalsharter Zeit ihre Kinder gebaren, die wiederum zehn eigene Schicksale erfahren würden. So wie Wellen, die einen Steinwurf weit vom Haus an die Felsen schäumten, zurück ins Element fluteten und daraus wieder in neuen Wellen stolz und weißschaumig gekrönt auf die Küste zuliefen. So warteten die Frauen hier im stillen Haus am felsigen Strand der Samlandküste, die ein helles Licht ihnen entgegentrug, das von leuchtend weißen Rosen kam und tröstete. Denn sie waren allein, schutzlos, auf der Flucht. Sie kamen von den Grenzen des Ostens, kamen aus dem Memelland, von dort her, wo Krieg tobte.

Da waren welche, die hatten noch kein Leid erfahren müssen, die waren jung und voller Hoffnung. Da waren andere, die trugen schwer an dem Wissen um die verlorene Heimat. Es waren da auch Frauen, die hatten sich aufgemacht mit ihrer großen Kinderschar und nichts mitnehmen können von zu Haus. Und doch war ihnen nur wirklich bang um das noch ungeborene Kind; sie waren nur allzu bereit, etwas ihnen noch Unbekanntes zu retten.

Haus Rauten – kleine Insel in tosender Brandung vernichtender Kriegswogen. – Wer kannte sie, die hierher flüchteten, wer wußte ihre Namen? Ihre Not schrie zum Himmel, doch der war feuerrot vom Brand des Krieges und verwischte mit einer einzigen Lohe die Namen von Frauen, die doch schließlich nichts anderes taten, als was Frauen tun, solange die Erde ist, was sie tun werden, solange die Erde sein wird: Schicksale, immer wieder Schicksale aus dem dunklen, warmen Blutstrom ihres Lebens zu stoßen. Ohne Frage danach, ob es ein gutes, ob es ein verdammtes sein werde. Und wenngleich die Angst um den Mann, um Kinder und Heimat ihre Haare zu weißer Asche werden ließ unter der Kuppel eines brandroten Himmels; Frauen entziehen sich niemals, auch nicht um den Preis eigenen Lebens, ihrer uralten Bestimmung. Sie wagen es wieder und wieder, allem zum Trotz.

Wie diese Mütter, die der Krieg im Herbst 1944 in einem rosenumrankten Haus zusammengeführt hatte – für kurze Zeit. Für eine notwendige Zeit, die sie brauchten, um zu gebären. Nicht mehr . . . kaum, daß sie den Zauber wahrnehmen konnten, der noch über dem Land schwebte, betäubend und zum Träumen süß.

Der Sturm aus dem Osten zerstörte diese friedvolle Idylle für alle Zeit. Niemand weiß die Namen der Mütter. Auch die hat der Krieg verweht und mit samtweißen Rosenblättern in den Wind gestreut.

Wenn der Storch sein Nest baut . . .!

Ich wollte eine Geschichte erzählen, ja – sie soll lustig, komisch und zum Lachen sein. Wo nich [illegible] lachen ist gesund!

Vleicht tut's diese hier, ich habe sie selbst erlebt. Und wenn ich heute dran denke, schudderst mich noch . . . und lachen muß ich auch. Sie gehört zu den Vertellekens, die ich so weilerweis aus meinem unerschöpflichen Pacheidel hervorkrame, aus diesem Pungel, der bis zum Bersten voll ist von diesen ‚Weißtdunoch'-Geschichten, von den Erinnerungen an eine längst vergangene Zeit, an ein unvergessenes Land.

Also gut, genug der Vorworte, paß man kiek, Lieberchen, und nicht so rachullerich, ich fang foorts an:

Mit dem Tag genau, dem 25. März – dem Storchentag – gab's überall im Memelland Kleinmittag. Wenn ihr wißt, was ich meine! Na gut, auch wenn die Störche aus Afrika noch nicht wieder zurück waren, Kleinmittag gab es doch, so wahr! Auch beim Bauer Klimkus. Herta, Eheliebste des jüngsten Sohnes, desjenigen, der den Hof nach Vaters Tod mit Mutter und Frau bewirtschaftete, kam – so schnell sie vermochte – den Birkenweg entlanggegangen. Den Weg zwischen dem Feld mit dicht aufgegangener Wintersaat und dem Acker, der gedüngt und gepflügt darauf wartete, daß man Kartoffeln in seine frischgezogenen Furchen setzte. Sie schritt schwerfüßig auf das kleine Haus zu. Die Schwiegermutter, Herta schon erwartend, paßte gut auf, daß die jungen Eheleute nicht unnötig die Kleinmittagspause hinauszögerten mit ihren albernen Neckereien und dem zärtlichen Herumtändeln. Biestige Altsche.

Ungewöhnlich warm war es heute. Und doch erst Ende April!

Herta hatte man kaum die Stubentür geöffnet, da gnadderte die alte Klimkus gleich los: „Hast dich all wieder lang genug verweilt, hast ihm wohl erst so richtig betutteln müssen, deinem Hans'che, was . . . oder hast ihm vleicht noch gefüttert, sieht dir ähnlich . . ." Der Rest dieser Litanei war nur noch ein Gnusseln. Herta dachte: die Altsche barbelt und barbelt wieder wegen nuscht un gar nuscht, sie sagte: „Was kann ich dafier, Mamache, mir iebelte so, mußt mich erst e Weilche hinhocken."

„Na und, hast dich erkuwert?"

„Ei – wo wärd ich nich."

Die alte Klimkus schielte zu ihrer Schwiegertochter hin und war eben dabei, eine deftige Scheibe frischen Brotes – hausgebacken, versteht sich – mit der ‚Selbstgebutterten' zu bestreichen, als unter dem hin und her gleitenden Messer das Wasser nur so aus den gelbsahnigen Butterklümpchen spritzte. Sie hielt in der Bewegung inne, und gleich zogen über ihr breitknochiges, hohlwangiges Altfrauengesicht mißmutige Falten. Runzeln und Falten; das lief kreuz und quer, nur der Mund zog jetzt einen scharfen Strich.

„Hast all wieder de Butter nich orndlich geknetet, wirst es wohl nie nich begreifen, hm ... rumlusern, das kannst ..." das Ende dieses unfreundlichen Geblubbers verschluckte die Altsche jedoch gerade noch rechtzeitig, und der beinahe zahnlose Mund bequemte sich zu einem breiten Grinsen. Denn ihr gegenüber gab's nun auch viel Wasser, das allerdings nicht aus schlechtgekneteter Butter, sondern von leicht geröteten Augenlidern ihrer Schwiegertochter troff. Unaufhörlich kollerten dicke Tropfen über blasse, teigig aufgeschwemmte Wangen und plumpsten wie gezielt auf rote und gelbe Rosen, welche großblütig auf blauem Leinen ihres Kittelkleides sich entfalteten und diese Nässe aufsogen. Begierig und schnell. Das blühte und blühte prächtig auf blauem Grund, das fiel und fiel tautröpfig aus ebenso blauen Himmeln. Erbarmzich ...!

„Was greinst all wieder, Marjell? Wird dir keiner auch nur en Haarchen krümmen, mechst woll dem janzen Tag bloß rumweimern ... de Augen wirst dir noch aussem Koppche heulen ... und e rote Tuntel kriegst auch davon, hm ..." Herta schüttelte sich wie ein geprügelter Hund, ballte die Fäuste, ging zum Angriff über: „Nix wärd ich, gar nuscht, nach Heydekrug wärd ich gehen, foorts zum Doktor Böttcher, so wahr, gleich auffer Stell geh ich los, dann krieg ich noch dem Mittagszug in Jugnaten, da komm ich grad zurecht in de Sprechstund, dasdes nur weißt!" Die Herta, von ihrem Mann zärtlich ‚das Hertelche' genannt, hatte für diese überaus tapfere Antwort all ihr bißchen Mut zusammenholen müssen aus den verzweifelten Winkeln ihres unförmigen Körpers; sie war im neunten Monat schwanger, ungestalt' und aufgedunsen. Ihr Gesicht sah jetzt wahrhaftig schlimm aus ... mit den vielen, vielen geweinten Tränen darin. Verschmiert und verschwitzt. Und so mitleiderregend erschöpft.

Aber ihre beiden Hände strichen zärtlich, überaus liebevoll, über vollerblühte Rosen auf blauem Stoff, der straff ihren Leib umspannte, darunter der Grund ihres Doktorbesuches so heftig strampelte und wonnige Schmerzstöße durch den sonst so schmalen Körper jagte. Dieser biestige kleine Lorbaß, der auch schuld daran war, daß aus der Butter beim Streichen neuerdings das viele Wasser quutschte. Nein – Frau Herta hatte einfach nicht mehr die Kraft in den Armen, die lag schwer und klobig eingebettet unter blühenden Rosen. Und nun noch zu allem Überfluß die Räsoniererei von der Schwiegermutter!

Trautstes Leben, die legte schon wieder los: „Was wirst da wollen, beim Doktor, he ...?“ Verächtlich glitt der alten Klimkus Blick von der bastgelben und glattgekämmten Haarfülle, die – zum straffen Knoten gewunden – dem Gesicht noch mehr das Aussehen eines gutaufgegangenen Hefekloßes gab, hin über starke blaue Adern, die vom Hals zu den prallen Brüsten liefen, untrügliche Zeichen bald nötiger, sicher auch gutflorierender Milchwirtschaft (nähren wird se's hoffentlich können, oder ...?) – weiter glitten die immer noch scharfen Augen über den hochgewölbten Leib, wägend und abschätzend, als prüften sie Pfunde, betrachteten die aufgequollenen Beine mit den glasigen Ödemen auf dem Spann der sonst so schmalen Füße ihres Sohnes Frau Hertelche.

Bewahre – freundlich waren die Gedanken der Alten nicht: ... das hat er nun davon, der Hans, dasser solch Hubberinske geheirat' hat, der dammlige Bowke, der dammlige ... nich emal de Butter kann se richtig kneten ... un das Kinderkriegen jagd ihr man grad sonen Schreck ein wie den kleinen Kinderchens der Buszebau ... Doktor gehen ... is was fiere Stadtfrauens, aufem Land kriegen se ihre Schiepelchens all von selbst – ... da is de Hebeleitsche meist all zuviel ... oder de Schwester, de weilerweis un viel zu often auch de Nas in die Tier un in de Toppches steckt ... wo's sowieso eng genug is ieberall aufem Land, inde kleinen Katen ... und – hatte sie selbst nicht zehn Kinderchens geboren, alle von der eijenen Mutter geholt ... die vier, die danach am Leben geblieben sind, war'n das nich stramme Jung's geworden? Aber nei ... dem Hans sein Hertelche, diese Jammerblase, muß erst dem Doktor befrage joahne, dreidammlige Marjell ... un foorts greine tat se, allde vergangne Tagchens lang, grad so, als wär se de einzche von all den Fraunsleuten, de einzche zwischen Jugnaten, Tarwieden, Blausden und Maszellen, die e Kind zur Welt bringen müßt ... So brusselte die Alte vor sich hin, bewegte im unaufhaltsamen Selbstgespräch den böse verkniffenen Mund ... – doch kein Wort wurde – so ein bis zwei Weilchen lang – laut zwischen den beiden Frauen. Die Junge erriet gewiß der Alten Gedanken, denn nicht einmal die brunnengekühlte, erfrischende Dickmilch wollte ihr munden, und sie aß doch sonst so gern ein Schälchen davon zu Kleinmittag. Doch die grantige alte Klimkus ließ nicht locker: „Hast's dem Hans gesagt, das mittem Doktor?“

Nein, die Altsche war booßig, weder ‚Herta‘ noch gar ‚Hertelche' brachte sie vor lauter Ärger über die welken, krausen Lippen, nur durch die letzten beiden stockig-gelben Zähne im Oberkiefer blies sie ihren Unmut mit hellem Pfeifen. Doch die Junge dachte: was musse sich nu all wieder so aufplustern . . . und sie stellte sich ihr auf ihre Weise:

„Freilich hab ich das, wo wärd ich so Wichtiges nich zuerst mit meinem Hans'che besprechen." „Hans'che besprechen . . ." echote die Alte, stieß mit dem Messer heftig in den dicken Butterklumpen. Oh ja, Lieberchen, ich sag' dir, sie war grantig, die alte Klimkus, sehr – sehr, doch – was willst, 's Hertelchen wurde nun auch so richtig obsternotsch und kareesig in aller Not: „Jawohl, mit meinem Maanche, dasses weißt, un der sacht auch, is all recht, wenn ich wärd dem Doktor fragen gehn, zu wissen, wie's denn so is mit mir, wo ich doch von Kopf bis Fuß jeschwollen bin . . . un so glumsig wie en alter Käsekuchen, nei . . . nei, da wirst auch du mir nie nich reinreden wollen, weißt . . ."

Und nun die Alte:

„Na, von mir aus, peerds doch los, will da nu nichts mehr mit zu tun haben . . ." – Und – wie zu sich selbst: „. . . is all so: will dat Kiekel klöker sönd wie dat Hehn . . .!"

Die Alte gnadderte und gnusselte immer noch vor sich hin und machte glupsche Augen; der jungen Frau blühten jetzt auch rote Rosen auf beiden Wangen und weiter unten am Halsausschnitt desgleichen, dort, wo die Brüste heftig geschüttelt wurden vom schnellen Atmen und eifrigen Sprechen. Seltsam, ein bißchen tat ihr die Schwiegermutter jetzt doch leid. Wo nich . . .!

Während Herta sich das verheulte und verschwitzte Gesicht wusch, ihr Haar kämmte, ein Stück Mohnstrießel und die Stadtschuhe in ein buntes Kopftuch legte und sorgfältig zuknotete, versuchte sie, die knurrige Alte zu besänftigen: „Is ja man bloß wegen all dem Wasser in meinem Körper, Mamache, doch nich wegen dem Schiepelchen; wenn's das nur wär, da wüßt ich daßde mich nich in Stich lassen tät's . . . aber – der Hans meint doch auch . . ."

„Is all gut . . .", die alte Klimkus machte eine wegwerfende Handbewegung und fauchte wie eine Katze, der man ein Junges wegnehmen will aus dem Schutz ihres wärmenden Felles. Hertelchen nickte: „Ich geh denn los."

„Geh man . . ." brusselte die Alte hinter ihr her – „geh doch, hast mich all die Zeit nich jebraucht, nu kannst dich bewissen, bocksche Marjell, hm . . ." dann schneuzte sie kräftig in den Zipfel ihres Flanellunterrockes. Danach schnitt sie nun endlich das Brot, mit der schlechtgekneteten Butter drauf, in kleine Häppchen, schüttete Milch in ihren großen, dreimal gesprungenen und henkellosen Kaffeetopp und genoß nach diesem Palaver schließlich doch ihr wohlverdientes Kleinmittag.

Währenddessen waren die roten und gelben Rosen schon hinter der Mühle in Richtung Dorfmitte verschwunden, blühten dem Bahnhof entgegen. Sie leuchteten wie vollrunde Sonnen und Monde auf blauem, stillem Himmel.

Doch das Hertelche wankte dahin wie eine gut gehaferte Gans, die schon weiß, daß man ihr an die Gurgel will.

„Oh liebes, gutstes Gottchen, laß man bloß alles gut gehen", seufzte die werdende Mutter und wischte sich mit dem Ärmel den Schweiß von der Stirn. Die Rosen auf ihrem Umstandskittel wurden immer grellfarbener, so die Sonne am Horizont. Und schon nach einem Weg von knapp zwanzig Minuten wippten ganze Rosenbüsche vor Hertas brennenden Augenlidern, in den Schläfen pochte es schmerzhaft, alles glühte und blühte rot und gelb, bis da nur noch Kreise, Feuerringe, brennende Rosenblüten vor ihrem Gesicht in flirrender Hitze tanzten. Schweiß brach aus ihr wie aus einem Sieb und triefte in perlenden kleinen Bächen an ihrem Körper runter.

Nun wurde das Hertelche wirklich booßig: Oh verdammich, diese krätsche Butter . . . hörte der Weg denn nie mehr auf . . . un diese biestige Altsche . . . hätt se nich so lang palavert, da wär man all längst in Heydekrug, säße gemütlich in Doktor Böttchers feinem, kühlen Wartezimmer . . . da müßt se nich in der Mittagsglut de staubige Straß' langpesen . . . un jetzt auch noch de Wolken, de hintere Puschienchens aufzogen, wenn se man bloß noch vorm Regen an die Bahn kam . . . ogolle, ogollegoll . . . . . . – noch ein Seufzer.

Nie in den letzten Wochen war ihr die Last so schwer geworden. Oh Lieberchen . . . wär bloß das Hans'che bei ihr. Und sie schob mit einem noch tieferen Seufzer den Grund ihres Unbehagens erstmal auf den wetterwendischen April . . . und eine feuchte Haarsträhne in ihren schweren Dutt zurück. Sie mußte weiter. Wolken, von Okslinden herübergezogen, standen bald geradezu drohend über ihr. Soon richtiges Gepladder hätt ihr noch grad gefehlt. Weiter – und im Kopf dröhnte jeder Schritt wider. Was fiere Not . . . Schmerzen zogen hin und her; das stach im Rücken, das kniff im Leib . . . und verging wieder sacht. Doch bald kam der Schmerz zurück und war jedesmal um ein bißchen heftiger. Hertelchen biß sich auf die Lippen und krallte die heißen, feuchten Hände um ihren Pacheidel. Verdammich – wäre sie doch schon in der Frühe gefahren, wie es der Hans gewollt, aber dann hätte Mamache noch doller herumräsoniert; gab auch rein zu viel Arbeit auf so einem Bauernhof.

Nun hatte sie es nicht mehr weit bis zur Bahnstation, der Weg war abzusehen. Hier und dort grüßten Leute aus dem Dorf, blieben auch stehen, nickten ihr aufmunternd zu, und mancher dachte wohl: Na, die is doch auch all nah dran, oder! „Oh je, Frauchen, nu sputen Sie sich man, gibt gleich was Nasses“, die Wirtsfrau, aus dem Krug dem Bahnhof gegenüber, wies mit ausgestreckter Rechter auf den sich ständig dunkler färbenden Himmel und trieb mit der linken Hand ihr Hühnervolk zusammen. In das hungrige Gegacker des durcheinanderblusternden Federviehs hinein meldete leises Geläut den herannahenden Zug. Die Wirtin wandte sich ab von ihren Hühnern und heftete ihre Augen auf Hertelchens unförmige Gestalt: „Se wollen doch wohl nicht mittem Zug, Herta?“ und ihre Blicke schweiften über das verquollene Gesicht, den schmerzverzerrten Mund, hinunter zu den glumsigen Füßen.

„Und ob ich will. Ich muß zum Doktor, Frau Girnuweit, wegen all dem krätigen Wasser in de Glieder.“

„Werden Sie das denn noch schaffen?“

„Ei wo wärd ich nich, macht nuscht, soon bißchen Regen . . . nei, ich muß . . .“

„Is eijentlich nich wegen dem . . . weiß nich, Se sehn mir rein so sonderbar aus . . . so um de Nas rum . . . un überhaupt . . .“

„Nei, nei, das kommt man bloß von dem dammligen Wetter, kann's nich verknusen . . . un dasses mich ieberall zwickt, is sicher vom Schnellgehen“, setzte sie wie entschuldigend hinzu. Doch Frau Girnuweit schüttelte den Kopf: „Na, ich weiß nich, weiß nich . . .“ doch dann mußte sie sich eilen, das Vieh und die Gäste wollten versorgt sein, die Kinderchens lamentierten auch rum und wollten nich Mittagstund schlafen. So hetzte sie über die Straße hin zum Krug.

Weißt, Lieberchen, Wirtsfrauen haben nich Zeit zum Plachandern, können nie nich verweilen wie se grad mechten.

So sah die Frau Girnuweit auch nicht mehr, daß die junge Frau plötzlich Angstaugen bekam wie ein gejagtes Kaninchen. Mit beiden Händen griff diese stöhnend in die roten und gelben Rosen, da war ein Schmerz, als hätte ein Dorn gestochen, da war eine Ahnung, die aus der Tiefe ihres Leibes heraufdämmerte . . . und sie zittern machte . . . das drängte in ihr . . . Erbarmung . . . wohin denn nu . . . wird all vergehn . . . is noch viel zu früh . . . ogoll . . . gogolle . . . trautstes Leben, nur das nich . . . so schwirrten die Gedanken in ihrem heißen Koppche herum. Frau Herta erreichte mühsam noch den Bretterverschlag, dahinter das gewisse Örtchen verborgen war. Vom Geruch wurde ihr jedoch viel übler als zuvor. Hier konnte sie doch unmöglich bleiben! Wohin? Ja wohin ... zur Frau Girnuweit vielleicht? Erbarmzich ... erbarmzich!

Die gute Seele stand derweil ahnungsvoll hinter dem Zapfhahn und hatte immerzu das Gesicht der Herta Klimkus vor Augen. Angstvoll und verschwitzt rückte es wieder und wieder zwischen die Gesichter der zechenden Männer, die vor dem Tresen großes Kadaksch hielten.

Lieberchen, Lieberchen, was fiere Not ... Und nun auch noch – wie nich gescheit – das wüste Gepladder, das aus regenschweren Wolken nur so herniederströmte. Das Hertelche ...! Ach was, Geschäft hin – Geschäft her, laß das Mannsvolk warten und die Kinder schreien, bin foorts wieder da ... und mit wehender Fladruhsz, um Kopf und Schulter zum Schutz geschlungen, rannte sie über die Straße, fast in den alten Trinkies hinein:

„Sag Johann, is das Hertelche, die junge Klimkus, mit dem Zug gefahren?"

„Nei, hab ihr nich jesehn, wollte se denn?"

„Hast ihr nich jesehn, bist sicher, Maanche?"

„Aber – i wo wärd ich nich, hätt ihr doch müssen ne Kart verkaufen, meinst nich auch, Frauchen!" Und der olle Trinkies lachte. Doch dann wurd' ihm richtig Angst, als er in das verbiesterte Gesicht der sonst so kuraschierten Frau Girnuweit blickte.

„Is was, Madamche, ganz schäddrig siehst aus."

„Hast ihr nich jesehn ..."

„Wenn ich doch sag, hätt sich e Billett bei mir holen müssen."

„Na ebend ... Deiwel ok ... se muß doch ... se wird doch nich ... o du trautstes Gottchen ..." wie ein Wirbelwind stob die Frau Girnuweit davon und – weil sie wußte, was für ein Gefühl man so hat kurz vor der Niederkunft – auch gleich an den richtigen Ort.

Na ja, Lieberchen, was soll ich dir sagen, nei – da gab es nichts mehr zu bereden, nichts zu überlegen; nun mußte Notwendiges ohne viele Worte rasch getan werden. Aufem Plutz – ich sag dir. Der einzige, dem dieses Malheur so wahr nicht die Sprache verschlug, war der kleine Klimkus. Der tat unbekümmert, trotz der Ungewöhnlichkeit seiner Geburt, den ersten, kräftigen Schrei. Und dann erst sagte Frau Girnuweit: „O goll, was fiere Not!" Leise, beschwichtigend und beruhigend sprach sie dann zum Hertelche: „Verhalt dich bloß ganz still, Marjell, hab nich Angst, bin flux wieder bei dir." Weg war sie. Was dann geschah, passierte in Windeseile: eine ausgehängte Tür, ein weißes Laken darüber gebreitet, zwei Männer her zum Tragen, noch ein weiteres Tuch zum Bedecken ... und ab zum Kaburr im Laufschritt. Dem Michel rief sie zu: „Und du, Maanche – los, pees, was de kannst, hol de alte Hebeleitsche, se muß kommen, aufem Plutz, ich sach dir bloß, schnell ... schnell ..."

Ja, ein knappes Stundchen später sah die Welt all wieder ganz anders aus. Der Regen hatte aufgehört, keine Wolken am Himmel, die Sonne blickte lachend und neugierig in das einzige Gästezimmer des Dorfkrugs, ihre Strahlen hüpften durch die ganze Stube und tanzten übermütig auf den weichen Kissen des alten und geräumigen Bettes. Darinnen eingekuschelt lag die junge Mutter. Das Hertelche weinte nicht mehr, weil doch der Hans auf dem Bettrand saß und beide Hände seiner Frau in seinen großen Bauernfäusten behutsam hielt. Alles war gut. Die Griebschmutter, also – die Frau Hebeleit, kochte unten in Frau Girnuweits Küche ein stärkendes Süppchen für die frischgebackene Wöchnerin.

Nachem Doktor fragst, Lieberchen ... aber nei, dem haben se doch gar nich jebraucht ... Und der kleine Klimkus, dieses vorwitzige Schiepelche? Der lag in Girnuweitschen Hemdchen und Windeln wohlverpackt und warm in der buntbemalten Wiege und dort gewiß besser als in dem ungemütlichen Eckchen unterm Holzverschlag. Der schlief seinen ersten, wohlverdienten Schlaf in dieser Welt, die ihn so ungastlich empfangen hatte.

Omamache Klimkus sah ihm dabei zu und achtete auf jeden seiner Atemzüge. Lange ... lange. Sie grinste breit und wohlgefällig. Dann nickte sie und sprach zum Klimkus junior: „Was hab ich jesacht – bist doch en richtiger Klimkus ... hast nich jewollt, dasse mit dir nachem Doktor wird rennen ... das bocksche Hertelche, was deine Mutter is ... du-chen, du-chen, die hätt auf mich hören sollen ... wärst dann innem großen molligen Bett aufe Welt gekommen ... sach ja, Doktor jehn, neumodschen Kram ... se wär besser zu Haus jeblieben ... na, nu laß man, du-chen ... is all gut ... bist mein feines Kerlchen ... bist soon richtiger Lorbaß ..." und sie kniff ganz sacht und überaus zärtlich in seine prallen, kleinen Wangen, die rosigen ... und sie kicherte so richtig schäddrich vor sich hin ... aber auch glücklich. Und durch ihre beiden letzten Zähne pfiff es: „Un will dat Kiekel klöker sönd wie dat Hehn!"

Neben dem Bett der jungen Frau lag etwas zusammengeknüllt, das sah aus wie ein Strauß verblühter Rosen.

Und ich sag dir noch eins, Lieberchen, ich sag dir, im Krug von

Jugnaten, unten in der Schankstube, da ging das Dramdojken los . . . stundenlang . . . da ließen sie den jungen Klimkus und seine Mutter hochleben.

Lange, lange . . .!

Jetzt wirst sagen, is nich alle Welt, diese Geschichte, aber – sie ist wahr und paßt so richtig auf die Memelländer. So waren sie. So lebten sie . . . und so werden sie und das weite Land mir in Erinnerung bleiben. Und nu jeh, Lieberchen, is jenug plachandert.

Lukas, der Fährmann am Strom

Wenn das Wasser steigt, grauschäumend und reißend über die Ufer des Stromes quillt und weithin die Deiche und das Land überflutet, wenn das Eis stromwärts treibt, dem Meere zu, und wenn Himmel und Erde in trauriger Starrheit düsterer Tage verweilen, dann schweigt für den alten Fährmann Lukas die Welt. Trübsinnig, einsam in seiner kleinen, strohbedeckten Kate, hockt er auf der Ofenbank und brütet vor sich hin.

Lukas, bucklig und graubärtig, der verwittert und langzottelig wie ein Waldschratt einherstolpert – scheinbar ungeachtet, ist ohne Frage vom Frühjahr bis zum eintretenden Frost ein wichtiger Mann hier am Strom. Jeder kennt ihn und alle mögen ihn gut leiden. Niemand kann ohne ihn an das andere Ufer – und da sind viele, die hinüber wollen. Sie brauchen ihn zu jeder Tageszeit und auch nachts, wenn des Mondes Sichel im Spiegelbild des Wassers wie eine Schlange gelbleuchtend durch die schwarze Flut züngelt.

Er kennt sie fast alle, die hinüber und herüber wollen, hat sie aufwachsen sehen hier im Stromland, kennt ihre Wege und eines jeden Schicksal. Am Ton ihrer Stimmen, wenn ein Wind das „Hol über" ans andere Ufer trägt, oder am Klang des Eisens, das sie anschlagen, ihn zu rufen, errät er, ob sie einen fröhlichen Weg vor sich wissen, oder ob Not und Elend sie auf die andere Seite des Flusses treiben. Mit seinem verschmitzten Lächeln gelingt es ihm, Betrübte zu ermuntern, mit Ernst und Tadel in der Stimme die Übermütigen zu ermahnen; wissenden Blickes – er hat nicht viele Worte – weiß er den Verzweifelten Mut zu machen und den Traurigen, die wohl zu eines Sterbenden letzter Stunde eilen, wird aus seinen gütigen Augen Trost und Hoffnung zuteil. Wer winddurchschüttelt über den Strom gebracht wird, der findet bei ihm einen wärmenden Schluck, selbstgebraut, scharf und belebend. Die Kinder wissen, wo der Fährmann den süßen, braunen Kandis verwahrt hält, und mit den Alten stopft er sich gemeinsam ein Pfeifchen.

Fremde müssen ihren Namen nennen. Stets fragt er nach dem Woher und Wohin. Keinen läßt er aus und niemand verwehrt ihm die Antwort; so, als sei er der Torhüter zu einem Paradies, das zu betreten nur denen gestattet wird, die er nach Ansehen der Person für wert genug hält.

Dem Arzt bedeutet er, ob der Weg zu einem Kranken wirklich die Eile erforderlich macht, zu welcher der Doktor ihn antreibt, und dieser hat schon oft genug verblüfft feststellen müssen, wie vertraut doch dem Lukas Leben und Tod sind.

Sein alter grauer Rock, der verwaschen und sonnengebleicht über dem buckligen Rücken hängt, die harten schwieligen Hände, seine Arme, vom lebenslangen Hantieren mit dem Ruderholz übermäßig gestreckt, die ihm affenartig von den Schultern herabhängen, der grau und wüst behaarte Schädel, das bärtige, wetterharte Gesicht und die großen Füße, die in alten Gummistiefeln sicher im Boot stehen, und die auf dem Festland sich nur tolpatschig fortbewegen, dieses ganze Mannsbild erscheint dem, der es zuerst sieht, wie ein Kinderschreck und ist doch der Fährmann Lukas, den auch die Kleinsten schon bei seinem Namen rufen, dem jeder vertraut.

Ja, seine hellen blauen Augen sind es, die jeden ansprechen, der zu ihm kommt, deren Pupillen wie das Wasser des Stromes die Farbe wechseln nach Stimmung des Wetters, bei Einfall von Sonne, Schatten und Dunkelheit.

Nur Polizei und Zöllner erfahren selten einmal das freundliche Leuchten seiner Augen, sein verschmitztes Lächeln. Er begegnet ihnen mit nötiger Achtung. Fragen jedoch beantwortet er nie. Und sie wissen auch, was sie von Lukas zu halten haben, erinnern sich nur ungern jener Zeit, da der Alte listig, mit verachtender Harmlosigkeit sie hinters Licht und bei einer Schmugglerjagd auf die falsche Fährte geführt hat. Das Anschlagen des Eisens in bestimmter Manier, der langgezogene, klagende Ruf eines ‚Nachtvogels' hatten manche heiße Fracht gesichert und den Zöllnern einen bösen Streich gespielt. Lukas hat's nicht vergessen.

Den Winter mag er nicht, wenn das Eis seinen Strom erstarren läßt, wenn niemand nach ihm ruft und der Schlag des Eisens seine Nachtruhe nicht stört.

Aber wenn er den Lenz nur wittert, regen sich seine Lebensgeister schon wieder, und mit dem ersten Grün auf den Deichen und Dämmen schießt ihm die Kraft in die stolprigen Beine und ein fröhliches Glucksen aus der Kehle.

Er horcht in den Wind, ob das erste „Hol über" endlich erschallt, horcht auf des schlagenden Eisens hellen Klang, der ihm wie Glockengeläut ins Ohr dringt. Und es findet ihn bereit. Jahr um Jahr, Tag und Nacht, bei jedem Wetter.

Wenn junge Birken wie Mädchenleiber sich zart und knospend entfalten, wenn das Wasser seines Stromes übermütig gluckst und sprudelt, wenn Störche mit klapperndem Schlagen erneut ins Land fliegen und die Reiher, am Ufer verborgen, sich zum Nestbau anschicken, wenn Lieder und Lachen über den Strom wie helle Jauchzer schwingen, dann schweigt für Lukas die Welt nicht mehr. Dann ist seine Zeit!

Fährmann Lukas, der alles weiß von seinem Strom und den Menschen, die hier am Wasser und in der Niederung wohnen, den jeder kennt, von dem jedoch niemand auch nur mehr erfahren hat als seinen Namen, nicht einmal, wie alt er wirklich ist. Wenn man ihn anschaut, meint man wohl, er und sein Boot mögen so alt schon sein wie der Strom.

Ob er noch heute dort am Ufer steht? Ich weiß, es ist unwahrscheinlich. Und doch – jedes Jahr frage ich es aufs neue, dann – wenn vor dem Haus in meinem Garten winzige Schneeglöckchen und lila Krokus ihre zart schimmernden Knospen öffnen und der Himmel weit wird über uns.

Ob er dort immer noch wartet, den grauen, schweren Schädel etwas zur Seite geneigt, den buckligen Rücken vorgebeugt, um es besser hören zu können, unser Rufen, das laut und ungeduldig über das Ufer schallt?

„Fährmann . . . hol über! Hol über!“

Ein Tag im Hochsommer

Urlaub beendet. Sommer perdu. Das Staubgrau des Alltags legt sich langsam wieder über die Sonnenbräune. Bilder und Dias verschwinden fürs erste in den Alben und Schubladen.

Doch irgendwann werden sie wieder hervorgeholt und betrachtet; die ganze Familie hat ihren Spaß daran. Es gibt soviel zu erzählen. Freunde werden zusammengetrommelt, für einen Abend in vergnügter Runde teilzuhaben an den genossenen Freuden vergangener Sommertage. Alles Erlebte wird bunt und vielgestaltig an die Leinwand projiziert. Man schwelgt in Erinnerungen, tauscht Erfahrungen aus. Alle haben zu berichten, zu erzählen und auch die in Bildern eingefangenen Erlebnisse – farbig oder schwarzweiß – herumzureichen.

Die Zeit vergeht. Die Bilder bleiben greifbar: Die stillen Waldwege. Gratige Höhen. Lichte Gestade südlicher Landschaften. Windverwehte Dünen nördlicher Küsten.

Ja – eine Schublade voller Bilder kann trösten, beglücken und in Träume versetzen.

Und bei all diesem Herumkramen, dem Sortieren und Wieder- und Wiederbegucken packt mich zuweilen eine schmerzhafte Unruhe. Eine Birke mag es sein, eine Düne vielleicht, weites Meer mit glitzernden Schaumkronen, irgendein Motiv zwingt mich plötzlich auf eine Spur, und etwas in mir geht auf die Suche. Dann wird es heller, lichter. Das Namenlose ergreift mich fester, hurtig und verheißend drängt es voller Ungeduld, öffnet eine helleuchtende weiße Tür, auf die eine Sonne goldne Kringel malt; sacht, vom Wind bewegt, öffnet sie sich ganz, und zuerst kann ich immer nicht weitergehen, so blendend, so herrlich bunt, von verwirrender Vielzahl sind die lockenden Bilder. Niemals werde ich müde, sie zu betrachten. Selbst wenn ich die Augen schließe, vergehen sie nicht ...

Der breite Strom, in dem sich blau ein Sommerhimmel spiegelt. Zu beiden Seiten das grüne Band des Deiches. Ein weißes Paddelboot, das Ruth und mich aus dem breitfließenden Wasser in das schmalere Flußbett des weidenbehangenen Pokallnaflusses hinübertreibt. Nur noch eine kurze Fahrt. Ein paar kräftige Paddelschläge lang. Wir legen an. Nun brauchen wir nur noch die Hand auszustrecken, die herabhängenden Weiden zurückzubiegen und vor uns liegt unseres Tages Ziel:

Stattliches Bauernhaus, freundlich, mit frischgestrichenen Fensterrahmen und in der Sonne blinkenden Scheiben; der Hof mit Geräten und die Wagen unter der Remise, links die Stallungen mit reichem Viehbestand und die Scheunen, bereit, große Mengen geernteten Korns in sich aufzunehmen. Der Gemüsegarten, den die Frauen sorgfältig und nutzbringend angelegt, Blumenbeete mit Reseden und Goldlack; die Rosenranke am Haus, buntblühende Dahlienbüsche vorn am Zaun, die vom emsigen Bienenvolk umschwärmt sind. Es ist die große Zeit der Ernte. Hohe Zeit des Jahres.

Birkenstämme leuchten durch das Blattwerk ungezählter Beerensträucher. Sie weisen dem Besucher, der nicht wie wir den Fluß, sondern mit dem Kutschwagen vielleicht die Straße von Ruß entlanggefahren kommt, den Weg ins Gehöft. Wir befestigen unser Boot am Anlegesteg neben dem dunklen, alten Kahn, der so warm nach Pech und Teer riecht, der auch zum Hof gehört, und wir erreichen schnell den Weg, der durch die Wiese und ein reifes Ährenfeld auf den Hof führt.

Wir rufen laut, winken der Tante schon von weitem zu, und wir wissen: gebeten oder ungeladen, stets sind wir gern gesehene Gäste.

Die Tante, früh verwitwet, bewirtschaftet den Hof mit ihren fünf Kindern und zwei französischen Kriegsgefangenen. Eine stille Frau mit einem lieben Gesicht, gütigem Blick und leisem Lächeln in den Mundwinkeln, die auch von Leid erzählen. Ein reicher Tisch steht gastfrei für jeden bereit, der den Fuß über ihres Hauses Schwelle setzt.

Und doch – es sind nicht die Bilder prächtiger Tafelrunden, nicht die des Tages, wenn es so Ende April oder Anfang Mai die erste Sauerampfersuppe gab – oder Beestwaffeln; die Tante versäumte nie, uns dazu einzuladen, nicht die der Geburtstage mit vielen fröhlichen Menschen oder Fotos, die Gerdas Hochzeit zeigen, den Tag, der deutlich geprägt war vom traditionsreichen Bauerntum stolzer Memelländer des Stromlandes; nein, es sind auch nicht die Bilder der Bootsfahrten auf der kleinen Pokallna bis ans Haff oder die des Tages, da das große Schlachten begann, wenn in Riesenmulden die Wurst von den Frauen gemengt und gewürzt wurde, ich dabei helfen durfte und mir in der Nacht darauf immer so schlecht war von all dem Abschmecken, daß ich vermeinte, es lägen all die schweren Wurstmulden auf meinem gemarterten Leib.

Ich weiß es sicher, diese Bilder – so herrlich bunt sie mir auch erscheinen – sind nicht die, welche ich am liebsten ansehe, wenn sich endlich die helle weiße Tür vor meinen Augen öffnet. Das Bild dieses Tages im Hochsommer ist es, vor dem ich immer wieder verweile, ohne müde zu werden, um mich an seinen glühenden Farben zu berauschen und auf verlorene Träume zu horchen.

Ich sehe uns in der großen Stube, die Tante reicht uns brunnenkalte Buttermilch und grobes Brot mit Butter darauf, Butter – so gelb wie die Sonnenblumen, die mit schweren Köpfen zum Fenster hereinblicken. Es ist Kleinmittag.

„Der Roggen muß rein", sagt die Tante, „wer weiß, was morgen wird sein, die Sonne sticht wie nicht gescheit, ich spür' den Wetterwechsel all in meinen gichtigen Knochen."

„Das Feld ist groß, Mamachen, auch wenn der Jean von Buttgereit hilft, so fehlen doch zwei Frauen zum Garbenbinden." Alfred nickt sorgenvoll.

„Aber wo werden de Marjellens fehlen! Sind wir etwa zu gar nuscht nutze?" Ruth wird richtig boßig. Sie ist empfindlich, weil sie doch das steife Bein hat.

„Na, und schließlich bin ich ja auch noch da." Nun habe ich's ausgesprochen und blicke erwartungsvoll von einem zum andern.

„Hm, ja, du bist ja auch noch da . . . aber gewiß doch, Goldchen!" Gottlob, es hat keiner gelacht, der Alfred hat nur zweifelnd unsere Kleider betrachtet; wir sind für eine Bootsfahrt angezogen. Kurze Hose und solch ein kleines Brusttuch aus dünnem, buntem Stoff, sonst nichts.

„Mach du dir man deswegen keine Sorgen, wir sind ja nicht aus Pappe." Ruth ist schon Feuer und Flamme. Na, denn man los! Vier Schnitter und nochmal vier Marjellens zum Garbenbinden: Lisbeth, Gerda, Ruth und ich.

Tante Else hatte recht, die Sonne sticht nur so auf die bloße Haut. Die Männer holen tüchtig aus, wir müssen flink sein, um ihnen nachzukommen. Das Feld, die goldne Weite aus trächtigen Halmen, dehnt sich vor unseren Augen wie eine wallende, heiße Düne; am Rain, der an die Weide grenzt, blühen Mohn und noch einige Kornblumen, Kornrade windet sich an manchen Halmen mit purpurroten Blüten, und Margeriten recken stolz ihre zarten Blütenköpfe. Wie wunderschön das alles ist, muß ich denken; schade, nun all diese Pracht mit ein paar Sensenstrichen zu vernichten . . . und morgen schon weht über die Stoppelfelder der Wind.

Doch sie dengeln schon wieder die Sensen, stellen sich auf zum nächsten Schnitt. Da bleibt keine Zeit für Müßiggang und unnütze Gedanken.

Und wir folgen gebeugt den Sensen, binden die Garben und sehen nicht auf.

Schweißfeucht klebt das Haar am Kopf, und der Speichel im Mund wird immer zäher und klebriger. Die Sonne sticht rein zu biestig, und dazu kommt noch das Stechen der Halme auf unserer nackten Haut. Die Männer haben sich bunte Taschentücher um die roten Stirnen gebunden.

Einmal bringt Tuta kalten Obstsaft und Butterbrote, wir verschnaufen ein Weilchen. Weiter ... und wieder surren vier Sensen, schneiden die Halme, und vier Mädchen binden die Garben.

Irgendwann fällt auch der letzte Halm. Wir stiegen das Korn und sind wie verbissen in unserem Eifer, das Feld zu schaffen. Unsere Gesichter glühen dunkelrot, wie die Sonne, die jetzt hinter Skirwieth untergeht.

Dann ist es getan. Es ist Abend. Die Tante wartet am Gatter, als wir langsam, schweißnaß und staubig auf den Hof kommen. Sie starrt entsetzt auf Ruth und mich:

„Ogoll, ogoll, was seid ihr man bloß fiere Dammelsköppe ... liebstes, trautstes Leben ... Goldchen, wie siehst man bloß aus ... und Ruthche, erbarmzich ... oh, ihr verflixten Marjellens!"

Wir sehen auch weiß Gott wie die Rothäute aus, die von einem Kriegspfad zur Friedenspfeife schreiten; zerkratzt, zerstochen und rot verbrannt die Arme und Beine und auch sonst alle unverhüllten Körperteile.

„Ich brenne am ganzen Körper."

„Na – und ich erst ... einen Durst hab' ich ... wie ein Wüstenwanderer!"

Die Zunge klebt mir am Gaumen und der dünne Stoff am Körper. Ich blicke Ruth an und sie zwinkert mir zu. Und ehe noch jemand etwas einwenden kann, sind wir schon ans nahe Ufer gelaufen, haben uns textilfrei gemacht – und ins kühlende Naß gestürzt.

Prustend und lachend tollen wir beide in dem nicht gerade glasklaren Wasser des kleinen Flusses herum wie übermütige Najaden unter schützenden Zweigen alter, verschwiegener Weiden.

Weiße Nebelschleier, die nun herniedersinken, verhüllen unser Nacktsein mit kühler Sorgfalt, die uns beinahe wie ein Vorwurf anmutet, und wie junge Hunde schütteln wir uns bald am Ufer. Eine gute Seele hat mit liebevoller Fürsorge Handtücher bereit gelegt und auch warme Pullover, die wir rasch überstreifen.

Ja – Tante Else betuttelt uns so richtig von allen Seiten.

Heißer Kaffee, knusprige Waffeln mit süßem Schmant, dunkles Brot und frisch geschleuderter Honig – wer kennt nicht den Duft? Der Tante liebes Lächeln, ihr weißes Haar, das Lachen und Schmatzen der Tafelrunde – alles das so heimelig, so warm und gemütlich. Froh wie selten sonst gehen wir spät in der Dunkelheit den Weg durch taufeuchtes Gras an das Ufer.

Beim Schein bernsteingelben Mondlichtes fahren wir nach Hause. Im Boot durch den Fluß. Wir sind still und auch müde, nur der leise, gleichmäßige Schlag unserer Paddel auf dem Wasser ist zu hören, der Kuckuck von fern und irgendwo eine Nachtigall. Hohe Zeit. Welch ein Tag, der uns so reich beschenkte.

Und nun weiß ich auch, was so treibt auf diesen Weg, der mich weit führt, solche Bilder zu schauen. Nun bin ich ganz sicher, kein Namenloses ist es oder etwas, das ich nicht kenne. Jetzt vermag ich es beim Namen zu nennen. Es ist der Wunsch, der allmächtige Wunsch, einmal wieder dorthin zu gehen, wo mit uns das Glück zu Hause war.

Der Mäusespuk

Das fünfte, das Jakobche, war damals, als diese Geschichte passierte, schon ein kleines Weilchen auf dieser Welt. Er hatte es recht bequem in der alten Holzwiege. Das war dieselbe, in der auch seine vier Geschwister sich durch die ersten Monate ihres jungen, aufregenden Lebens gestrampelt hatten; stets so lange, bis die alte, immer etwas quietschende Wiege ihrer wachsenden Robustheit nicht mehr standhalten konnte. Was sich solchermaßen bemerkbar machte, daß sie ihre kleinen Bewohner bei deren vergnügtem Schaukeln einfach aus der Molligkeit der Strohschütte und der Wärme leicht klütriger Federkissen warf. Aber noch hatte es beim Jakob keine Not und gab es keine Beulen zu vermelden; noch lag er winzig, schwarzhaarig und stillvergnügt in der alten Wiege.

Petrulla hatte keine Zeit, sich viel um ihn zu kümmern. Weiß Gott nicht! Er bekam seine Mahlzeiten pünktlich von ihr, aber sonst mußte die Älteste – das Ruthche – sehen, wie sie mit ihm zurecht kam. Na, und das ging ja auch ganz gut.

So wäre der Kleine ungestört weiter gewachsen, hätte sich groß und kräftig geschlafen und nichts ihn aus dieser – allerhand Zeit in Anspruch nehmenden – Beschäftigung aufgestört, wenn ... ja, wenn! Es begann so, daß allnächtlich etwas absolut Ungewohntes dem kleinen Haus und seinen Bewohnern widerfuhr: Jakobche schrie!

Das war – wer ihn gekannt, wird es beschwören können – wahrhaft ungewöhnlich. Ei, wann hätte je eins von Petrullas Kindern nachts geschrien? Wozu auch – sie waren satt und müde, wenn es Abend wurde und Mensch wie Tier des Schlafs einer stillen Nacht bedurften. Seht, Petrulla und auch die Kinder hatten ein hartes Tagewerk, da hütete sich sogar der Kater Florian, ohne jeden Grund zu mauzen; und die Enten im Kaburr schüttelten nur ganz behutsam ihre Federn auf und schnatterten so leise wie Kinder schmatzen, so im Traum – beim Daumenlutschen.

Ja, und diese Ruhe störte der Jakob nun beinahe jede Nacht.

„Ei, was hast mittem Jung jemacht – Marjell, was is mit ihm?" Ruthche weinte dann auch, sie war sich keiner Schuld bewußt und doch so müde von all der Plackerei mit dem dicken Kerlchen.

Waren schließlich alle Kinder wach, knörten und weimerten herum, dann nahm die Petrulla den Strampelmatz aus seiner Wiege. An ihren großen, warmen Leib geschmiegt, schlief das Kerlchen endlich ein. Aber es war Sommerzeit. Die Mutter war's leid, jede Nacht den Säugling im Bett zu haben.

„Janz meschugge bist am Morgen un schlecht zuwege dem janzen Tach, wennde nich jeschlafen hast", schimpfte sie, der sonst so schnell nichts zuviel wurde. Michel Taruttis, der Fischer aus Elchwinkel, der grad einen Hecht für die Sonntagsmahlzeit brachte, hatte die an sich recht Gemütvolle noch nie bei so schlechter Laune gesehen. Was ihm zu denken gab und ihn bewog, dem kleinen Jakob einen Blick rüberzuwerfen. Er stubste die Wiege an und der kleine Kerl lachte.

„Krätiger Lorbas, was wirst deine Mutter so ärgern alle Nächte lang, . . . ei, was bist fiere biestige Natur." So schimpfte er zärtlich, der Kleine jauchzte, zeigte zwei winzige Zähne und keine Spur von Mißbehagen oder gar Krankheit.

„Was er man bloß hat, alle Nächte so zu lamentieren?" Petrulla kitzelte ihn mit einer Haarsträhne, daß er laut jauchzte und mit seinem kleinen Podex hin und her wippte vor sichtbarem Vergnügen. So war's tagsüber – aber nachts!

Erst herrschte vollkommene Ruhe, nur hin und wieder knarrte eine Matratze, ein Mäuschen fiepste irgendwo, es huschte und raschelte, dann wieder Stille; mal ein rasches Husten aus dem braunen Bettgestell am alten Kachelofen, darin die älteren Jungen schliefen, mal schlug der Hund an, mal fauchte Florian, wenn etwas schattengleich durchs Zimmer huschte; aber – wegen eines Mäuschens ließ er sich noch lange nicht seiner Nachtruhe berauben.

Das aber schaffte jetzt allemal der kleine Jakob. Schließlich kam man zu dem Schluß und überein, den Grund seines nächtlichen Wehklagens auf die Zähne zu schieben, die einer nach dem anderen aus dem etwas geröteten Kiefer stießen.

„Jakob zahnt", das erfuhr auch die Schwester in Ruß vom alten Taruttis so angelegentlich eines genüßlichen Kadaksch beim Netzeflicken.

„Na, dann werd ich mal dort draußen im Moor vorbeischauen." Und das tat sie auch bald. Sie fand es bei der Petrulla wie gewohnt: Die Kinder gesund und schmuddelig, das Häuschen mäßig sauber und die Petrulla wie immer eifrig draußen bei der Arbeit. Sie ließ sie dabei, ging mit der Ruth ins Stübchen zum Jakob und sagte mit aufmunterndem Blick: „Siehst müd' aus, Marjell."

„Wenn das Jakobche auch forts schreit in der Nacht . . . ist wegen seine Zähne . . . sicherlich . . . meinst nich auch, Schwesterchen?" Die Kleine, grad man zwölf geworden, war so ernsthaft und verständig.

Die Schwester nahm den Säugling aus der Wiege, setzte ihn vor sich auf den Schoß, betrachtete den nächtlichen Störenfried von allen Seiten, oben, unten, hinten wie vorn, und konnte nichts Verdächtiges entdecken, weder schmerzendes Zahnfleisch noch einen wunden Po.

„Was mag ihm nur sein?“ Ruthchens braune Augen hingen mit müden Blicken an der Schwester, jeden ihrer Handgriffe genau beobachtend, als läge in ihnen des Nachträtsels Lösung. „Na – was is nu?“

„Nichts is, rein gar nichts. Ich glaube, er will bloß geschaukelt und gewartet werden; hast ihn verwöhnt, Marjell!“

So saßen die drei noch ein Weilchen auf der Ofenbank beisammen. Jakob fühlte sich behaglich in den Armen der Schwester, die ihn zärtlich wiegten, und das besorgte Ruthche legte ihren blonden Krauskopf auf deren Schulter und schlang ihre schmuddeligen Hände um ihren Hals. Gedankenverloren summte die Schwester ein Liedchen, ließ sich getrost Haube und Kragen beschmutzen und ihren Blick durch den kleinen, im dämmrigen Halbdunkel liegenden Raum schweifen. Mucksmäuschenstill war's um sie her geworden.

An der Fensterscheibe flatterte leise und ängstlich ein verirrter Schmetterling, zwei Fliegen spielten „Hasch mich“ mit friedlichem Gesumm und . . . aus der Ecke vom alten Spind huschte ein Mäuschen quer durch den Raum; es sah aus, als balanciere es auf einem schmalen Sonnenstreifen, der durch's Fenster gefallen war wie ein gelbes Band.

Die Schwester bekam runde Augen, denn die Reiseroute der kleinen Mäusemadame war gar zu seltsam, so daß die nun beinahe zur Salzsäule Erstarrte ihren Augen kaum zu trauen wagte: Frau Maus schlüpfte nämlich flink und zielsicher durch ein Astloch der Wiege und verschwand darin – wie durch eine Tür – ins Innere. Also dorthin, wo's Stroh stets warm und gemütlich ist. Die Schwester starrte noch immer, als hätte sie einen Spuk erlebt, auf das kleine Loch, doch da erschien Madame schon wieder, blinzelte mit Jettperlenaugen vergnügt und listig nach allen Seiten, drehte sich nochmal um, als wolle sie schnell den Daheimgebliebenen einen Gruß zurufen, und machte sich dann erneut auf den Weg. Es war der gleiche wie vordem.

Während nun Mäusemadame in der Ecke verweilte, vielleicht, um einige Vorräte zu besorgen, drückte die Schwester mit einem „sei mal ganz still“ der erstaunten Ruth den beinahe schlafenden Jakob in die Arme und machte sich zu deren größter Verwunderung an der Wiege zu schaffen. Vorsichtig die Kissen raus, das Laken weg, noch vorsichtiger das Sacktuch auseinandergebreitet und nun behutsam eine Lage Stroh weg, die nächste und noch eine. – Ruth flüsterte aufgeregt: „Was machst, Schwesterchen, mittem Jakobchens Wiege, jeh, nu jeh man bloß . . . was soll das?“

„Nun sei mal fünf Minuten still, Marjell“ – und wieder hob die Schwester die nächste Lage Stroh aus dem Innern der Wiege, und dann . . . ja, dann schrie sie auf, aber so laut, daß dem Ruthchen der kleine, dicke Kerl vom Schoß rutschte und mit dem Koppche auf die Dielen knallte. Der schrie dann auch, aber lauter und anhaltender. Ruth sprang auf wie von der Tarantel gestochen, ließ den Kleinen schreien und strampeln, und dann schrie auch sie, doch es klang mehr wie ein ganz großes Lachen, in das nun die Schwester einstimmte.

Denn – man höre und staune – sorgsam versteckt im Stroh war ein Nest; jawohl – aber eins, für das ein Mäusestorch verantwortlich zu zeichnen hatte, und darin – gutstes, trautstes Gottchen – darinnen strampelten und quiekten fünf häßliche, nackte Mäusekinder.

„Iii gitte“, schrie Ruth und lachte und juchte, „los Schwester, die müssen wir schnell ersäufen, ehe die Mutter kommt, die tut nämlich keiner Fliege was zuleide, der tun die kleinen Biester am End’ noch leid.“ Und flugs wurde das ganze Mäusewochenbett auf eine Kohlenschaufel geladen und ins Jenseits befördert. In den Mäusehimmel!

Ruth sah die Schwester erwartungsvoll an: „Was meinst?“

„Na, was soll ich meinen, Schapche, von nun an wird euer Jakob wieder ruhig schlafen, das heißt – vielleicht wird er noch hin und wieder von Mäusen träumen, aber es ist nicht anzunehmen. So, und nun wollen wir ihm sein Bettchen machen.“ – (Manchmal mußte ich doch an die Mäusemutter denken und ob sie wohl noch lange nach ihrer Nachkommenschaft gesucht hat.)

Ach, was ich noch sagen wollte, das Astloch wurde sorgfältig zugestopft damals, aber der Petrulla nichts erzählt. Die hielt von Stund’ an große Stücke auf die Schwester, die dem kleinen Jakob das Zahnen so leicht gemacht, daß er nicht einmal mehr nachts von Unbehagen oder gar Schmerzen geplagt aufweinen mußte . . .

Fischer Johannes

(Damals bei Petrulla und ihren Kindern)

Wenn die Memel nicht mehr schwer an der Last des Hochwassers trug, wenn sie aus Rußland kommendes Treibeis nicht mehr weiten Wegs ans Meer bringen mußte, dann glättete sich der Spiegel ihres Wassers. Manchmal glitzerte es wohl im Sonnenschein wie das Silberpapier in der Zigarrenkiste, die Maricke wie einen Schatz hütete. Onkel David hatte sie ihr letzten Weihnachten großzügig überlassen, obwohl er sie selbst hätte brauchen können zum Verwahren von allerlei Kramzeug. Ja – aber so war nun mal der David, von Petrulla und den Kindern einfach Dav'sch genannt.

Wenn Felder, Moorwiesen und Deiche in der Frühlingssonne glänzten, in dieser hellen Sonne, die auch zum Wäschebleichen als am geeignetsten galt, dann entfaltete die Natur ihren Zauber mit kräftigen grünen Farben und ließ die Ufer sich prächtig erheben aus der weichen Bläue fließenden Wassers. Der Strom hatte viele Bilder.

Wenn alles Leben sich danach sehnte, sonnendurchglüht, windgetrocknet und seewasserumspült zu sein, dann kreuzten weiße Schiffe auf dem Strom, luden in Tilsit eine quierlige, spektakelnde Fracht, die sie nach erregender Fahrt in Nidden löschten.

Nidden – die Kurische Nehrung – zwar Sehnsucht und Ziel, aber die Fahrt dorthin auf der Memel, die im Stromdelta, gleich nach Raggeninken, in Skirwieth, Pokallna und Atmath auseinanderfließt, um es dem alten Strombett nicht unnötig zu erschweren, das treibende Wasser dem Meer entgegenzubringen, diese Fahrt war jedesmal ein besonderes Geschenk, etwas – Verzauberung oder Märchen? – so richtig zum Befreuen.

Weiße Dampfer, weiße Möwen, weiße Wolken . . . alles trug der Strom, ließ es vergnügt auf seiner Wasseroberfläche segeln, spiegelte es mit lachender Eitelkeit und mit Eifer zurück.

Warum erzähle ich zuerst davon?

Weil es auch der Menschen Freude war, die nicht mitkonnten auf solch eine Fahrt, die an den Ufern nur kurz verschnauften und mit schweißnassen Tüchern winkten; denen blieb allzeit das Spiegelbild und warf etwas von der Freude zurück in ihre Gesichter.

Auch Petrulla kannte den Strom genau. Und sie lehrte selbst ihre Kleinsten, ihn zu erkennen. Auf daß sie sich nie fürchteten.

Brachen schreiende Möwen weit ins Binnenland ein, dann scheuchte sie ihre Trabanten besorgt durcheinander: „Nu aber ganz schnell, macht dasser dem Federvieh in de Kaburr kriegt, wird Sturm geben."

Zeigten sich weiße Cumuluswolken im Spiegel des Wassers, dann verweilte sie schon mal ein bißchen, um den Kindern zu erzählen, wie verdammich gut es sich auf solch einem Dampferchen nach Nidden fahren ließ, wie heiß der Sand dort sei und daß man auch Elche zu Gesicht bekäme . . . vleicht!

„Trautstes Leben, wenn euer Vater, mein Jakobche, noch am Leben wär, der hätt' sich mit uns wohl mal aufgemacht, aber nu . . ." –

Zeigten sich im Wasserspiegel riesige, grauweiße Schwingen, wurden bei genauem Hinsehen zu Flügeln zurückkehrender Störche, dann seufzte sogar die niemals unzufriedene Petrulla ein wenig beim Anblick der vielen Mäuler, die zu stopfen ganz gewiß nicht immer leicht war:

„Ruthche, weißt Marjell, ab morgen gibt's all wieder Kleinmittag. Stell de Buttermilch kalt und sorg dafür, dasde mir beizeiten de Bohnen gar hast." Und zu sich selbst sagte sie wohl mal: ogoll, ogoll, das Jahr is all schnell alt geworden – und strich sich mit einem müden Lächeln die schwarzen, streng geflochtenen Zöpfe glatt. Älter wurden so mit der Zeit auch Petrullas muntere Trabanten. Bloß, daß man hier, in der Weltabgeschiedenheit des Kleinelchwinkler Moores, all diesen Perioden des Heranwachsens nicht so viel Bedeutung beimaß. Petrulla bemerkte gar häufig erst als letzte, wenn bei ihren Kindern eine auffallende Veränderung sich zeigte. Wie war's denn bei den Masern? Als Johannes damals frühzeitig aus der Schule zurückkam, fuhr sie ihm recht unsanft über seinen verschwitzten, blonden Schopf: „Nu, was is, was willst . . . der Lehrer is woll innen Krug gegangen, hm . . oder hast was ausjefressen, was tust um Kleinmittag all wieder zuhaus . . . da, willst ä Schalchen Dickmilch?" „Nei – nuscht." Nun erst betrachtete sie ihren Sohn eindringlicher: „Was siehst mir so schättrich aus um de Nas' . . . Jungche, sag . . ." –

Dem brannten Schweißperlen auf der fieberheißen Stirn, Tränen in den entzündeten Augen und rote Flecken allüberall . . . an Gesicht, Hals und Armen unübersehbar. Ach du gutstes Gottchen!

„Der Lehrer meint, ich . . . es sind die Masern, die Schwester sagt das auch . . . nu is mich so sehr übel." – Er war das heulende Elend selbst. „Trautstes Leben . . . un das grad jetzt, wo ich doch dem Trinkies beim Heu werd helfen müssen. Aber nu hör auf zu gransen, Nuckelche, hör auf . . ." Petrulla hatte allen Grund zur Klage, denn – wie's nu so geht – nach einigen Tagen lag die gesamte Petrullabrut fiebernd, plärrig und rotgesprenkelt in den Buntkarierten, bei verhangenen Fenstern. Zwei dunkle Unterröcke – Petrulla benötigte sie ja man bloß im Winter – sorgten für schummriges Licht im Stübchen. Die Schwester jedoch, die noch am selben Abend reinschaute, nachdem der Lehrer ihr unmißverständlich erklärt hatte, daß im Augenblick nicht er, sondern sie für sämtliche Klassen verantwortlich sei, riß die ganze Kledasch runter:

„Kinder, erbarmt sich . . . bei euch isses ja heiß wie inne Pirt, verdammich."

„Na und? Das hat noch nie nuscht jeschadt. Kann ich dafier, dasser mir alles ins Haus schleppt, dieser dammliche Bengel, dieser Hanske? Hab all nich Plackerei jenug . . . na wart, er kriegt noch seine Schicht, wo nich."

Dem kleinen Johannes war es im Augenblick nicht gar so wichtig, ob die Mutter in höchsten Tönen lamentierte, er hatte Mühe genug, seine Masern auszukurieren. Nun verlangte er, der sonst nur zum Essen geboren zu sein schien, allenfalls ein bißchen kalten Saft: „Weißt, Mamachen, ich bin all wieder ganz trocken untere Zung." Na ja, wo nich! So rannten die Petrulla und die Schwester mit dem irdenen Krug hin und her. Blaubeersaft vom letzten Jahr, oh ja – Blaubeersaft war immer gut. Petrulla, mit aufgelösten Zöpfen, die Schwester mit wehender Schürze und schiefsitzender Haube, die nun nicht mehr weiß war. Macht nuscht!

Petrulla hatte ja gar nicht so Unrecht mit ihrer Schimpferei, denn es war wirklich stets der Johannes, der sämtliche Kinderkrankheiten von der Schule heimbrachte . . . und die Woschkes auch!! Was fiere Not! In erschreckender Vielzahl übrigens. Und Regelmäßigkeit! Ogoll, ogoll. Petrulla machte dann ihr obligates Lamento, sie räsonierte so laut herum, daß Florian und Harras, die Mäuse und die Enten inde Flucht gingen, doch die Schwester je nach Bedarf Brust- und Wadenwickel, heiße oder lauwarme Umschläge, Gurgelwasser oder auch Lausekappen. Fünf Koppches – und alle verlaust!

Und wenn's wieder mal so weit war, dann saßen die Petrullakinder herum wie de Pilzkes untere Puschien! Den Rest solcher Kuprex-Kur bekam Harras, der treue Wächter dieses Hauses. Zu seinem größten Entsetzen! Doch die Gören schrien wie verrückt und lachten wie nicht gescheit, wenn die Schwester naß wie eine gebadete Katze aus dem ungleichen Kampf hervorging.

Während sie dann so saßen, Tücher um ihre Köpfe zu einem Turban geschlungen, wenn sie wirklich wie Pilzkes anzusehen waren, dann hatte es die Schwester nicht leicht, die mauzige, gnaddernde Schar zu betuscheln. Aber auch da wußte sie ein probates Mittel! Meist gaben die Kinder bald das Stichwort: „Los, Schwesterchen, nu erzähl' ne Geschicht, los." Und sie bekamen ihr Märchen. Hanske war ihr aufmerksamster Zuhörer: „Was verweilst dich so, nu fang schon an", und er huckte sich nah zu ihr hin. „Ja, wißt ihr, da war einmal ein Fischer . . ."

„Die Geschicht' kenn ich, meinst den in der Hütte nahe beim alten Taruttis." Und Josephs Ohren wurden feuerrot vor lauter Eifer.

„Stimmt, hast gut aufgepaßt letztesmal."

„Weiter, Schwesterchen, was war mit ihm?"

„Hm, was wird all mit dem gewesen sein. Also, paßt gut auf, ist ne lange Geschichte und ne Ewigkeit her: Dort, wo die Memel sich in drei Flüsse teilt, wo alle Jahre wieder das Stromland wie ein Meer sich ausdehnt, wenn die Flüsse Hochwasser führen, dort stand eine alte Hütte, der man im Vorbeigehen nicht ansah, daß drinnen jemand wohnte. Selten nur ringelte Rauch aus dem Schornstein. Das Reetdach war alt und zerschlissen, an manchen Stellen grünmoosig bewachsen. Eine Brettertür hing morsch und wackelig in verrosteten Angeln. Steter Wind ließ das Eisen ächzen und stöhnen; grauslich hörte sich das an. Jeder mied den Ort. Auch die Singvögel. So'n schwarz-weiß-gescheckter Kater mit räudigem Fell und bösem Gefauche duldete nichts Fröhliches in der Nähe."

„Da is unser Florian doch besser, stimmts?"

„Aber wo denn nicht, Maria, viel besser."

„Jeh, jeh, wann kommt denn nu der Fischer?"

„Gleich, mein Hanske, geh – olles Nuckelchen, putz dir die Nas – so, und nun hört weiter zu . . . also, niemand konnte sagen, woher die beiden gekommen waren, schon gar zu lange hatte die Kate leergestanden. Na – und wegen eines dünnen, armseligen Rauchfähnchens, das der Wind doch gleich wieder zerriß, hatte sich kein Mensch zur Seite gedreht."

„Und nach dem Bowke auch nich, Schwesterchen?"

„Nein, Ruthchen, nach dem armen Kerlchen auch nicht. Er war jung, aber weil sich niemand um ihn kümmerte, mußte er in solch halbverfallener Kate wohnen. Dann war ihm das elende Katzenvieh zugelaufen und von Stund an sein Haus- und Bettgenosse. Sie teilten Milch, Brot und alles, was er für ein paar Fische von den Bauern bekam; Fische, die er mit einer selbstgebastelten

Angel im Strom fing. Das war mühsam. Er hatte ja sonst nichts gelernt. Für harte Bauernarbeit war er zu imig. Keiner wollte ihn. Er war verludert und verlaust."

„Wie wir, Schwesterchen?"

„Aber, nu jeh Maria, doch man nicht wie ihr. Mutter und ich, wir kümmern uns ja um euch."

„Hätt'st dich auch mal um dem ollen Lachudder bekümmern sollen, hast ihn jawoll jekannt, oder?"

„Ja – wißt ihr – gekannt habe ich ihn erst viel, viel später. Außerdem war er menschenscheu, mied die Leute im Dorf, ging nie in die Kirche. Nur wenn es ihn sehr nach Milch und Brot hungerte, machte er sich so in der Schummerstunde auf den Weg, um einen besonders großen Hecht oder ein paar Aale einzuhandeln, was willst wissen."

„Und woher weißt denn das alles, wennde ihm doch nich gekannt hast, hm?"

„Und wie hieß er, dieser olle Klamieser?"

„Hm, er hat's mir später erzählt, na ja . . . und . . . ja, er hieß Johannes."

„Was denn, etwa wie ich?" – Hanselchen schnaubte wie ein wildes Pony, nein – das nun nicht.

„Ja, wie du, mein Hietschke . . . ja."

„Bist sicher, Schwesterchen, wie ich – Johannes! Aber ich will nich, dasser so heißt, dieser olle Lachudder, dieser dammliche . . . nei, ich will nich."

„Nu sei aber mal still, du Krät, is doch man bloß ä Geschicht, Jungche, sei nich so obsternatsch."

Ruth schob ihm eine Handvoll Bohnen in die offne Schnute – „So, nun kannst weitermachen, Schwesterchen."

„Na gut, so ging das ä Weilchen . . . der Jung wurd immer vergrällter, und wenn zur Winterzeit der Strom dick zugefroren war, wenn der Bowke nichts mehr zu beißen hatte, dann wärmte er sich wohl mal beim Fischer Taruttis, oder er schlüpfte auch hin und wieder zum Fährmann Lukas auf dessen mäßig warme Ofenbank. Der eine brachte ihm bei, Netze zu flicken, der andere, der bucklige Lukas, lehrte ihn, Holzkloben zu zerhacken. Dafür gab es wohl einen Teller Suppe, eine abgenutzte Hose, einen Lappen Schafsfell für eine Weste."

„Wie lange is das nu all her?"

„Ich weiß es ja auch nicht ganz genau, aber es muß wohl schon ein ganzes Weilchen her sein . . . warum fragst du, Joseph?"

„Na, ich mein man bloß, wenn auch der Onkel Michel schon da war – und sogar der Lukas."

„Was willst wissen, die sind ja auch uralt. Die waren wohl all die Zeit schon am Strom, meinst nich auch, Schwesterchen?"

Ruth war ungehalten, daß es nicht weiterging. Die Schwester beobachtete das Mädchen, wie es so zärtlich den kleinen Jakob auf ihren Schloß hob und mit einem Schürzenzipfel seine Schnute abputzte. Petrulla war inzwischen auch aus dem Stall hereingekommen und saß nun mit einem Strickzeug im letzten Tageslicht, das durch die kleinen Fenster so freundlich schien. Der Schwester Blick glitt von einem zum anderen und sie dachte, Ruth hat recht, sie alle gehören hierher . . . und nur hierher ins Stromland, Petrulla mit ihrer quicklebendigen Kinderschar, Fischer Taruttis und auch der alte Fährmann Lukas. Der Strom ist ihre Welt, ist das Element, wo allein sie wurzeln und wachsen können.

Eine kleine, schmuddelige Hand rückte an ihrer Haube und holte sie mitsamt ihren Gedanken in die kleine, von Mensch und Tier vollgestopfte Stube zurück.

„Nu los, mach schon, red doch weiter!" – Der Johannes war jetzt nur erpicht darauf, zu erfahren, was aus dem Fischer Johannes noch geworden ist.

„Also weiter . . . nach einem besonders grausamen Winter und dem nachfolgenden Hochwasser, als die ohnehin modrige Hütte längst keinen Schutz vor der aasigen Kälte mehr bot, das graulige Katzenvieh ersoffen war und der Johannes vor Sturmgeheul, Hunger und dem krätigen Husten nachts nicht mehr in den Schlaf finden konnte, da wollte auch er am liebsten sterben. Wie die räudige Katze, die ihm doch immer noch ein bißchen sein mageres Fell gewärmt hatte. Er beneidete das Tier um seinen schnellen Tod, starrte oft in das gurgelnde Wasser der Memel. Sollte er springen, sollte er Schluß machen? Ihn schucherte . . . er rannte . . . rannte und rannte."

„ . . . in de Kirch?"

„Nein, Ruthchen, wenngleich das bestimmt besser gewesen wäre. Sicher hätte der Pfarrer oder der Lehrer sich seiner sofort angenommen."

„Katrinchens Papachen, meinst den?" – das Jakobche, das sich auf dem Schoß seiner Schwester grad wohlig zurechtstrampelte, der liebte Lehrers Tinchen über alles, sie schenkte ihm oft buntes Papier oder klebriges Zuckerzeugs.

„Ja, Jakobche, Tines Papache, mag sein . . . nun seid aber fein still, sonst erfahrt ihr nie, wie's mit dem Johannes schließlich kam. Ja, es war schlimm und zu der Zeit fing der Bowke auch noch an zu stehlen. Da schlief er nachts in warmen Ställen, melkte sich eine Kuh, trank Hühnereier aus, klaute Honig, Butter und

Brot aus den Vorratskammern der Bäuerinnen. Einmal hätte ihn fast der Bauer erwischt, ein andermal lief er sogar einem Zollbeamten in die Arme, aber – Gottseidank – der hatte all einige Quartierchens getrunken, und nur darum entwischte er ihm wieder. Doch – der Krug geht solange zum Wasser ... – Und so geschah es auch dem Johannes! Es war in so einer Nacht mit biestigem Sturm und wüstem Gepladder, da ließ der reiche Bauer Trinkies drüben in Atmath seinen Jagdhund los. Eine bissige Kreatur. Ihr könnt euch sicher denken, wie der Johannes danach ausgesehen hat, was? Er schleppte sich bis zum Taruttis, und dem fiel vor Schreck die Pfeife aus dem Mund. Ihr wißt doch genau, daß dem das sonst nie passiert. Er wusch und verarzte den Bengel, und wo noch eine heile Stelle war, gerbte er ihm das Fell, wie er's verdient hatte. Aber er gab ihm sein Bett. Er pflegte ihn, so gut er vermochte, sollte ja keiner wissen, was passiert war. Na, und Johannes? Der schämte sich beinahe zu Tode ... ja, ja – aber an seinen Wunden starb er nicht, denn der gute Taruttis verstand sich gottlob auch auf allerlei Kräutertinkturen zur Wundbehandlung."

„Das hat der von der alten Abromeitschen jelernt, das weiß ich jenau, Schwesterchen", meldete sich das Marikelke, und Petrulla nickte lächelnd.

„Machst recht haben, Marjell, sonst hätte sich der Johannes nicht so schnell erkuwert, sonst wäre er ja auch nicht eines Nachts ausgebüxst, als der Taruttis aufem Weg war, nach seinen Netzen zu sehen. Der Junge wollte dem Alten nicht mehr zur Last fallen, denn der hatte doch schließlich seinetwegen all die Nächte auf der Ofenbank zugebracht. Er schleppte sich an den Strom. Da hockte er dann auf einem Baumstumpf. Da beschloß er wieder einmal Schluß zu machen mit dem nichtsnutzigen Dasein. Er starrte in die Flut, wo der Vollmond verschmitzt in sein Spiegelbild lächelte, wo vereinzelte Möwen mit lachendem Kreischen über das Wasser segelten. Eine friedliche Nacht, die erste nach angstvollen Sturmnächten der Hochwasserzeit. Aber – war das wirklich der Mond, der sich dort in der Mitte auf dem Wasser bewegte? Was soll ich euch sagen ... ein alter Mann kam geradewegs auf Johannes zu. Lächelnd nickte er freundlich, nein – nicht wie die starrköpfigen Bauern, diese Geizhälse; nun winkte er sogar, öffnete seinen großen, breiten Mund zu einem Grinsen: Na, du Lorbas, du krätscher Lachudder – wahrhaftig, er hatte eine Sprache wie freundliche Leute, mag sein wie der Lukas, wie Michel Taruttis oder wie der Herr Pfarrer! Hör zu, Jungchen, will dir was sagen, mußt es aber fein für dich behalten, weißt Lieberchen, keiner Seel darfst was sagen ... so, nu paß man kiek! – Wo ich jetzt bin, hier

– mitten im Strom, da schwimmt ein goldener Fisch, soon alter Hecht, jede Schuppe reines, feines Gold, weißt Lieberchen . . . den sollst fangen, grad du – ja, ja, befreu dich man all, aber . . . dassde niemand nuscht sagst . . .’ und der Alte lachte dröhnend.

Immer bei Vollmond frag ich nach, obde ihm hast jefangen, dem Goldschuppigen. An diese Stell werd ich kommen . . . hier an diese Stell . . . –

Schallend fuhr das krächzende Lachen über den Fluß und Johannes von seinem Baumstumpf hoch. Er wollte dem Alten nach. Der war verschwunden. Wie ein Spuk. Nur der Mond lächelte in sein Spiegelbild. Und die Möwen flogen mit Geschrei, das wie Weiberlachen klang, darüberhin. Wirklich – eine friedliche Nacht. Ein sternheller Samthimmel, blau wie deine Augen, Hanske, eine ruhige, laue Nacht, wie selten im Frühjahr . . . –“

„Nun isses aber genug, red nich solange von der Nacht, erbarmt sich . . . verweilst dich gar zu sehr damit, Schwesterchen.“ – Die praktische, kuraschierte Maria hatte etwas gelangweilt dem alten Florian hinterm rechten Ohr gekrault, doch nun wollte sie partout wissen, woran sie mit dem Fischer Johannes war.

„Marjell, sei nich so gnadderig, huck dich hin und halt deinen Sabbel.“ Der Petrulla war es peinlich, daß die Maria so vorlaut war, sie kratzte sich verlegen mit der Stricknadel hinter ihren Flechten. Die Schwester lächelte sie an, dachte jedoch besorgt, ob sie wohlmöglich noch eine Lausekappe machen müßte. Dabei wollte doch keiner mehr an die Woschkes denken. Sie betrachtete ihre kleine Zuhörerschar und fragte: „Wo waren wir noch gleich? Ach ja, bei der Nacht . . . also gut, is wie is – er ging zurück, der Lorbaß, war ja auch das beste, was der olle Piszer tun konnte. Während seine Wunden heilten, flickte er – unter Anleitung vom Michel Taruttis – altes Netzwerk, das an vielen Stangen hinter dem Haus aufgehängt war. Er machte das gut, wirklich, der Fischer lobte ihn und schließlich schenkte er ihm eines von seinen Netzen. Und zwar an dem Morgen, als der Bauer Trinkies – so im Vorbeischauen – zum Johannes mit einem Augenzwinkern sagte: „Willst dem ollen Kahn haben, der bei mir am Steg liegt, scheinst dich ja auf’s Reparieren zu verstehen. Und Michel Taruttis meinte: Sittst, nu bist all kein Pracher mehr, grinste breit und half dem Jungchen, das Boot klarzumachen.

Johannes lebte nun wie ein richtiger Fischer. Alle Tage war er auf Fang aus. In hellen, warmen Nächten blieb er draußen auf dem Wasser, das waren seine liebsten Stunden. Ihr wißt ja, der Onkel David sagt auch immer, das sei das Schönste, bei Nacht allein im Bootche auf dem Strom.“

„Nu fang bloß nich wieder mitter Nacht an, ogoll . . ."

„Nein, nein, Marikelke, ja – die belämmerten Zeiten waren für Johannes endgültig vorbei. Er wusch sich regelmäßig, ließ es sogar zu, daß der Lukas seine blonden, struppigen Haare stutzte. Er ging jetzt morgens in die Schule, weil der Michel es für gut fand, lernte rechnen und schreiben und lesen . . . er war fleißig, es machte ihm Spaß. Aber den Goldschuppigen, den fing er nicht, wenngleich er doch nun alles Mögliche schon gelernt hatte, nein – das schaffte er nicht. Ich glaube, meistens dachte er auch gar nicht mehr an seine Begegnung mit dem sonderlichen alten Mann vom Strom. Wo nich, er hatte so viel anderes zu denken."

„Was anders wohl, wenn nich an den Strom, ans Boot und an dem Goldschuppigen, hm – was wohl?" Logisch, der Johannes, das Hanske! Dem war der Michel Taruttis auch meist wichtiger als der Lehrer und das Wasser im Strom wichtiger als in der Waschschüssel.

„Nu halt mal deinen Subas, verflixter Furzhammel, laß doch de Schwester ans Wort, dann wirst bald Bescheid wissen." Petrulla war fuchtig, denn lange konnte sie sich nicht mehr verweilen, das Butterfaß und ihr Viehzeug warteten auf sie.

„Je nun, der Johannes war einfach zu beschäftigt: morgens Schule, danach Schularbeiten beim Lukas, der war streng, dann ging's ab nach Skirwieth, da half er seit Wochen schon der Witwe vom Fischhändler Joneitis, und die futterte ihn so richtig raus, kleidete ihn und mochte ihn gern um sich haben. Das war dem Bowke was Neues, und er genoß es sehr. Keine Zeit, herumzufijucheln, wahrlich nicht! Bloß abends fuhr er raus, weit – nach Kuwertshof, mal auch bis Warruß, oder er half dem Michel Taruttis. Aber am Sonntag! Das war gewiß, sonntags, wenn er mit Frau Joneitis von der Kirche zurückkam, ja – dann gehörte ihm der Strom, gehörte ihm der weite Himmel darüber, auch die Fische und die Möwen gehörten ihm. Ganz allein ihm. So jedenfalls empfand er es. Dann hatte er auch wieder Zeit, nach dem Goldschuppigen zu suchen und aufmerksam nach ihm auszuschauen. Doch vergebens. Tage und Wochen flossen dahin wie das Wasser eilig zum Meer. Johannes liebte sie alle. Er war nun reich, denn ihn hungerte nicht mehr. Da waren Menschen, die hatten ihn lieb. Und er war unter einem warmen Strohdach zuhause. Ihr wißt doch auch, wie schön es ist, zu Hause zu sein.

„Hat er denn dem Goldschuppigen nu nich mehr haben wollen?" – Das Hanske war sichtlich enttäuscht.

„Ja, siehst du, das wollte auch der Alte erfahren, und darum gab er sich ihm eines Nachts wieder zu erkennen. In einer mondhellen, stillen Nacht. Da war es klar und deutlich, das krächzende Lachen und da war der breite, grinsende Mund, der sprach: na, Jungche – hast ihm nich gefunden, dem goldnen Hecht, hast ihm nich ... na, nu sag bloß ... –

Und Johannes schüttelte mit dem Kopf, grinste auch so ein bißchen schief und gab dem Alten Bescheid: Weißt, Alterche, ich brauch ihm nu nich mehr, nei, nei ... nich, daßde denkst, ich wär undankbar für deinen guten Rat, aber sittst, mir gehts gut, ich hab nu alles, was ich brauch, ä warme Supp, ä warme Stub, und alle kümmern sich um mich ... ja, wirklich, um dem ollen Lachudder. Nu gehör auch ich hierher, genau wie der Fischer Taruttis, wie der Fährmann Lukas, wie der Herr Pfarrer und die gute Frau Joneitis. Weißt, Alterche, mir gehts so gut, daß ich foorts Kabolzke möcht schießen ... ja, und danken möcht ich dir – trotzdem ... halt, wart ä Weilche ... komm, palauk man bischke, Alterche ... Johannes wollt' ihm zuwinken, doch der war schon verschwunden. Nur der Vollmond, grad hinter einer Wolke hervorgeglitten, spiegelte sich im Wasser des Stromes und eine einzelne Möwe segelte kreischend drüberhin. Johannes ging noch lange Zeit am Ufer entlang. Und er war nun ganz sicher, daß er hier ein Zuhause gefunden hatte. Nein – kein Goldschuppiger, kein Reichtum dieser Welt würde ihm jemals mehr bedeuten als das Gefühl, hier zu Hause zu sein."

Still war's im Stübchen. Florian schnurrte. Petrulla legte mit zufriedenem Seufzer ihr Strickzeug aus der Hand. Harras schnarchte unter der Ofenbank. Und die Kinder? Sie ließen sich ohne zu murren aus den Lausekappen herauspulen. Sie waren schläfrig. Johannes drängte sich nahe an die Schwester und flüsterte ihr ins Ohr: „Ob ich ihm wohl mal werd treffen, dem Alten, und er sagt mir, wo der Goldschuppige is? Was meinst, Schwesterchen, nich jetzt, später vleicht, wenn auch ich ein Fischer werd sein. Nich so wie Johannes einer war, vleicht wie der Onkel Michel einer is, was meinst?"

Die Schwester drückte den kleinen Bowke fest an sich und sie antwortete ihm, auch im Flüsterton: „Sicher, mein Schapche, sicherlich."

„Ab trimoh, allemann in die Heia!"

Das war Petrulla. Sie hat recht, is Zeit schloape to joahne.

Zwischen Jugnaten und Auritten

(Erinnerungen an eine alte, einfache Frau)

Irgendwo an einem Feldweg mit tiefen Wagenspuren darin stand ihre Kate, gleich hinter dem Wäldchen auf dem Weg von Jugnaten nach Auritten. Es waren dort noch andere Gehöfte, ein oder zwei stattliche Anwesen mit dazugehörenden Insthäusern.

Nichts Auffallendes war an Auguste Pettkus' Häuschen, dem Garten mit der bunten Fülle blühender Blumen, dem alten Stall mit warmem Kuhdunst und Hühnermist nebst einem windschiefen „Örtchen" darin.

Hinter dem Haus ein Stück Acker, darauf sie Korn anbaute, Kartoffeln, Rüben und so mancherlei Gemüse und Küchenkräuter; dazu gehörte noch ein Plätzchen Weideland für die Kuh.

Nicht viel, dies alles – doch genug, eines Menschen Heimat zu sein!

Es war auch noch nicht so alt, das Häuschen, es hatte nicht einmal mehr ein Strohdach wie beim alten Trinkies nebenan, oder – wie beim Bauer Abromeit – auf dem Dachfirst ein Storchennest; nur der alte Stall war noch strohbedeckt.

Hier lebte die alte Auguste Pettkus mit ihrer Kuh, den Hühnern, einer alten, grauen Katze und dem ebenso alten, heiser kläffenden Köter, der je nach Stimmung wütend an seiner Kette riß oder freudig winselnd seine zottige Schnauze an meiner weißen Schürze rieb, wenn ich zum Gartentor hereinkam.

Sie war eine alte, einfältige Frau; übriggeblieben von mehreren Geschwistern, lebte sie hier seit Jahren schon ganz still für sich – und von dem, was der kleine Acker ihr brachte. Außerdem waren ja da die Kuh und die Hühner.

Dies war ihre Welt, sicher und fest umrissen, Mühsal und Plage waren ihr Tagewerk – Besinnlichkeit und Ruhe ihr Feierabend.

Einen Sommer lang hatte ich mich in ihrer kleinen Kate einquartiert. Aufgestört aus dem friedvollen Leben in ihrer Eremitage, zögerte sie erst – ja zu sagen, aber dann ließ sie es doch zu. Mißtrauisch gegen Fremde fand sie jedoch bald heraus, wie gemütlich man auch zu zweit abends auf der Bank im Garten ein Stündchen verplaudern kann. Sie wartete schon, heimlich hinter den Dahlienbüschen versteckt, ob ich nun endlich den Feldweg heruntergeradelt käme. Ich wußte das wohl. Doch wir hatten jeden Abend unser kleines Spiel; ich kam in den Garten, lehnte mein Rad an den Zaun, klingelte wie wild drauflos, sie tat beschäftigt, vollkommen in irgendeine Arbeit vertieft, fuhr erschreckt hoch und auf mich los:

„Gutstes Gottchen – ich glaub, Se sind ganz dammlich geworden, Schwesterchen.“ Sie grinste mich an wie eine alte Kräuterhexe, beschimpfte mich wie ihr Viehzeug und schöpfte mir den Teller voll, daß ich nachts aus Alpträumen hochschreckte.

Einmal jede Woche packte sie Eier in einen Korb mit Heu, zwei oder drei Pfund Butter band sie in ein sauberes Tuch, in eine Kiepe verstaute sie Gemüse und Kräuter, nahm in die linke Hand die schwarzen Schnürschuhe (diese hatte sie nur an den Füßen, solange sie in Heydekrug ihren Geschäften nachging); frisches Kopftuch, saubere Schürze umgetan – so machte sie sich in aller Frühe, bald nach dem ersten Hahnenschrei, auf den Weg in die Kreisstadt. Vom Erlös ihrer verkauften Waren nahm sie dann abends heim, was notwendig war und nicht auf ihrem kleinen Acker wuchs. Ab und zu kaufte sie auch ein Stückchen billige parfümierte Seife. Das war allergrößter Luxus; die versteckte sie sogar vor mir. An solchem Abend konnte man sie dann verstaubt, verschwitzt und erschöpft von all der Unruhe des Marktbetriebes heimwärts watscheln sehen. Durch das Barfußlaufen von frühester Kindheit an waren ihre Füße nicht nur breit wie die einer Ente, sie bewegte sich auch in gleicher Gangart einer solchen, die überdies gut im Hafer gehalten wird.

Weiß Gott, sie war alt und häßlich von Gesicht und Gestalt, doch etwas ging von ihr aus, das sie mir so liebenswert machte – und unvergessen.

Wer am Gartenzaun entlangging, konnte von weitem schon ihr Brusseln hören. Zeterte sie nicht mit den Hühnern, die ihr frech gackernd Bescheid gaben, so schimpfte sie doch gewiß mit Hund oder Katze, der Kuh, die sich vom Pflock losgerissen hatte, oder sie lamentierte mit den Staren, die im Kirschbaum uneingeladene Gäste waren . . . dieses „rachullriche Volkche“.

Akkadierte sie mit mir herum, nannte sie mich Schiepelchen, Schapche oder Kindiete. Das besagte dann soviel, daß sie mich gut leiden konnte. Sie hielt es eben mit den Menschen grad so wie mit ihrem Viehzeug.

Oder sie sprach zu sich selbst, was sie überhaupt unentwegt tat. Kam man an dem Haus vorbei, so hatte man oft den Eindruck, da sei ein richtiger Tuntenkaffeeklatsch im Gange – es war doch immer nur die Alte. In jahrelangem Alleinsein hatte sie sich diese Art der Zwiegespräche angewöhnt; ein Leben in der Einsamkeit, wie sie es gewohnt war, macht ja nicht mürrisch, allenfalls sonderbar in dieser originellen Weise. Sie schabberte mit allem, was um sie herum war, beschimpfte die Uhr, das alte Butterfaß, das Feuer im Herd – immer in diesem absonderlichen Tonfall, in dem man zu Kindern spricht.

An manchen Abenden, oft beim Butterstampfen, sang sie mit ihrer zittrigen Altfrauenstimme kleine einfältige Liedchen. Es war die Sprache ihrer Kindheit, und in ihren Gedanken hatte sie diese Zeit niemals so ganz verlassen. Die alte Pettkus hatte kein elektrisches Licht, kein Radio und außer einer alten Bibel kein Buch, vielleicht konnte sie nicht einmal richtig lesen oder gar schreiben. Wenn der Tag taufrisch vom Osten her den Feldweg entlanggesprungen kam, daß das Wasser in den Wagenspuren hochspritzte, war auch sie schon geschäftig anzutreffen. Und legte sich der Tag mit grauen Schatten müde in den frischgezogenen Furchen zur Ruhe, dann machte die Alte, versunken in ihre gewohnten Gespräche, noch einen Gang ums Haus, um Stall und Garten, lehnte ein oder zwei Weilchen am Gartentor, wusch dann ihre müden schmutzigen Füße, band sich ein weißes Tuch um die strähnigen, grauen Haare und fiel wahrlich erschöpft in ihre übermächtigen Federbetten. In die Dunkelheit hinein sprach sie laut ihr Nachtgebet.

Ich durfte danach bei Kerzenschein noch ein kleines Stündchen lesen. Selten nur gönnte sie sich oder mir den Luxus einer Petroleumlampe. All das, was uns an Bequemlichkeit und Komfort so unentbehrlich geworden ist, hatte sie nicht und kannte sie kaum. Ich glaube, sie verlangte auch nicht danach, sie war es so zufrieden. Denn sie besaß viel mehr. Ein ‚eijenes' Haus mit weißgescheuerten Dielen, Flickerläufern, einigem billigen Hausrat und blühenden Blumen in jedem Fenster. Zwei großräumige Betten, aus schwerem Holz gefertigt, gehörten dazu, ein riesiger gemauerter Ofen, drumherum Bänke mit Schafsfellen darauf. Eine Herdstelle in der Küche, darauf sie vorzüglich eine meist karge, doch gesunde, kräftige Mahlzeit kochte. Ein Backofen, schweres, duftendes Brot zu backen, darauf sie uns dick die gelbe Butter strich, die sie mit ihren Händen geschlagen hatte. Ein Brunnen im Hof, reines Wasser daraus zu schöpfen, aber auch die Milch darin zu kühlen. Eine einfache ländliche Kost war's, aber so köstlich, daß man es nie vergessen kann.

Ein einfaches schweres Leben, aber so wirklich, voller Ruhe und Frieden, daß man immer Heimweh danach haben muß.

Ich sehe sie oft in Gedanken den Feldweg gehen, bedächtig an den ausgefahrenen Wagenspuren entlang. Sie hatte Füße, die in keine Schuhe paßten, aber sie konnte auf einem Stoppelfeld barfuß laufen.

In ihrem Gärtchen wuchsen Stockrosen und Goldrausch bis hinauf unter das Dach zu den Schwalbennestern, reiften schwarze Johannisbeeren, herben Duft verströmend. Und in den Büschen hatten Rotkehlchen ihre Nester. Sie hatte keine Reichtümer und keine Ahnung von Politik und Kunst, aber sie lehrte mich erkennen, daß der Himmel über uns, das Land unter unseren Füßen und die alles überdauernde Beständigkeit der Natur wahrer Reichtum unseres Lebens sind, der Quell, aus dem allein wir Kraft schöpfen.

Als der Regen kam

Ein Sonntag – Sommerzeit; Mensch und Tier verweilen dösend an schattigen Plätzen, alles Lebende verkriecht sich vor der flimmernden Glut dieses Sonnentages.

Kein Wind labt mit kühler Brise, kein Laut durchbricht diese drückende Stille. Die Sonne ist ohne Erbarmen, sie – die Vielgeliebte; in farbigen Goldtönen malt sie diesen schillernden, blendenden Tag.

Erdmute, die alte aber glänzende Perle im Hause des Kreisbaumeisters, stöhnt vernehmlich, knöpft schamvoll, aber erleichtert zwei Knöpfe tiefer auf an ihrem grauweiß gestreiften und gestärkten Kleid; womit aber nicht gesagt ist, daß dem Hausherrn oder sonst einem männlichen Wesen nun sorgsam verhüllte Reize offenbar würden. Aber nicht doch!

Das alte Jüngferchen stöhnt grauen Gesichtes, entledigt sich seiner ohnehin ausgetretenen Pantoffeln und verschwindet in des Hauses unteren Regionen, den angenehm kühlen Kellerräumen; dort, in ihrer stillen Kemenate, wird sie die Stunden bis zum Abendessen verbringen, die Sonntagsbeilage des „Dampfboot" lesen, die brennenden Füße in einer Schüssel mit kaltem Wasser kühlen. Die zwei Knöpfe hat sie längst wieder zugeknöpft, ehrbare Matrone, die sie ist, mit gestärkten Biesen dort, wo die Natur beim Weibe eigentlich sanfte Wölbungen vorgesehen hat.

Mittagstund' – für Erdmute bringt die Sonne nun keine Gefahren mehr.

Nicht so für die übrigen Hausbewohner! Der Hausherr, von seiner Eheliebsten zärtlich Dav'che gerufen, leidet wahren Höllenbrand. Fruchtsäfte, Mittagsruhe im dämmrigkühlen Schlafgemach, kellergekühlte Schafsmilch, nichts bringt ihm Erfrischung oder gar Linderung. Grete, seine bessere Hälfte, nicht weniger gequält durch geradezu tropische Hitze, gepeinigt von heftigem Asthma, fürchtet schon Stimmungsumschwung – begleitet von höchst unangenehmem Nasenbluten; etwas, darunter der alte Herr seit Jahren empfindlich zu leiden hat, genau gesagt, seit seiner Gefangenschaft in sibirischen Wäldern nach dem ersten Weltkrieg.

Also ist sein Eheweib, die rundlich mütterliche Frau Grete, mit Fug und Recht ernstlich besorgt um ihren Mann.

Doch statt aller Befürchtungen von seiten der Hausfrau entkleidet sich Dav'che, entledigt sich all seiner Hüllen und schreitet so, ähnlich dem Hirtengott Pan, der zur Mittagsstund' herabstieg, gemächlichen Schrittes durch den Garten, „Klein Nidden" zu; das ist ein Plätzchen dort hinten in der äußersten Ecke am Teich, vor lästigen Blicken durch eine mannshohe Lebensbaumhecke geschützt.

„Klein Nidden" hat Inge (Lehrerin zur Untermiete) das Fleckchen genannt, weil der Sand von der Nehrung herbeigeschafft wurde, damit man immer, so sagt sie, in einem stillen Winkel auf einer Weißen Düne ausruhen könne.

Dorthin also verschwindet der alte Herr, der Ruhe zu pflegen, der Sonne zu trotzen, aber nicht – wie Pan – flötespielender, sondern schnarchender Weise. Seine Frau hat fürs erste noch ihren Pflichten nachzukommen, Hausfrauen- und Beinahe-Mutterpflichten, darin bestehend, die Blumentöpfe in den Fenstern vor der Sonnenglut zu schützen und nach dem Milchschaf und seiner wertvollen Nachkommenschaft zu sehen.

Die Schafsfamilie ist hinter dem Park auf grüner Wiese angepflockt. Doch nicht einmal die kleinen, sonst so possierlichen und quicklebendigen Schapche tummeln und balgen sich wie sonst herum. Sie blöken stumpfsinnig vor sich hin, schlabbern dann und wann mißmutig das laue Wasser aus dem Trog und sehen nun wirklich schafsdämlich zu ihrer Pflegemutter auf. Widerwillig nur lassen sie sich heute streicheln und das feine weiche Fell kraulen. Sie wollen in Ruhe gelassen werden. Die liebevolle Besorgnis der Hausfrau ist ihnen heute genauso lästig wie das Umherschwirren der Fliegen, Schmetterlinge und Libellen.

Sie sind sich ihres Wertes wohl kaum bewußt, wissen nicht, daß Schafsmilch und -butter, ein zarter Lammbraten zu gegebener Zeit, eine willkommene Bereicherung des kreisbaumeisterlichen Mittags- und Abendbrottisches und somit einiger Besorgnis wert sind. Man schreibt immerhin das Jahr 1943. Sie wissen es nicht – dumme Schafe, die sie sind!

Nachdem Haus, Hof und Garten versorgt sind, sinkt wahrhaft paradiesischer Friede in heißen Schwaden über das Land – und die gute Frau Grete in eben solcher Enthüllung, nach einigem Zögern, versteht sich, in einen bequemen Liegestuhl unter maßvoll schattenspendendem Dach.

Inge, die junge Lehrerin im Balkonzimmer darüber, hat nichts von all diesem paradiesischen Tun und Treiben im Garten Eden (alias Kairis) bemerkt, denn sie schmort seit einer Stunde schon, Eva ganz und gar, mit Sonnenöl beschmiert, wie eine glänzende Speckschwarte in der Sonne, träumt sicherlich von einem kühlen Bad in der Ostsee und wandert im Traum durch weißen, glühenden Sand der Nehrung.

Doch – der Friede ist trügerisch, wie könnte es anders sein!

Wind kommt auf . . . – Was heißt hier Wind! Während Menschen und Tiere in bleiernem Schlummer liegen, verdunkeln urplötzlich dickbauchige schwefelgelbe Wolken den eben noch glattblauen Himmel, Sturm jagt einher, die Pappeln vom Gutshof nebenan zittern wie in Angst, Büsche und Blumen ducken sich erschreckt. Frösche springen quakend in den Teich. Hühner blustern gackernd durch die Erdbeerreihen, und Schafsmutter und Lämmerkinder blöken angstvoll ihre Not heraus, reißen wild und störrisch an ihren Pflöcken.

Augenblicke nur haben dem Paradies den Garaus gemacht. Blitze jagen wie Wetterleuchten heran, Donner grollt von fern, kommt näher, wird dröhnend. Da schrecken auch endlich die Hausbewohner aus wirren Träumen auf. Von „Klein Nidden" her rennt quer durch die Blumenrabatten – wie Gott ihn schuf – Dav'che, der Hausherr. Erste dicke Tropfen fallen schon, was ihn aber nicht daran hindert, seinen Pflichten als Hausherr zu genügen, die da so sind bei Gewitter und ähnlichen Naturkatastrophen: Viehzeug versorgen, Fenster und Türen verriegeln, Regentonne an den richtigen Platz bringen und anderes mehr. Und so rennt er – von der entgegengesetzten Seite kommt Grete, seine Eheliebste, ihm entgegen, bekleidet mit einem Handtuch, das sie sich um die Schultern geschlungen hat.

Gutstes Gottchen – die Schapche!

„Dav'che, David, de Schapche – schnell, schnell de Schapche! Oh Gott verdammich, meine armen Schapches!" So lamentiert sie und hastet, so schnell ihre Rundlichkeit und das krätige Asthma es zulassen wollen, der Wiese zu. Das himmlische Naß rauscht herab wie aus weitgeöffneten Schleusen, als endlich das Vieh im Stall sicher geborgen ist und die beiden Nackedeis eilig durch den Garten dem schützenden Haus zustreben.

Vertreibung aus dem Paradies – so mutet das ganze den Beschauer an. Von all dem Getöse ist Inge natürlich wach geworden und sicher auch von dem Regen, der wie Trommelwirbel auf ihre wohlgeformten Schenkel prasselt. Über das Balkongeländer gebeugt sieht sie nun erstaunt, erschreckt und von verhaltenem Lachen geschüttelt, dem tollen Treiben im Garten zu.

O Paradies auf Erden!

Doch schon nach geraumer Zeit hat alles wieder sein Sonntagsgesicht.

Es ist, als sei gar nichts geschehn – nur, daß mit einemmal unzählige Regentropfen in der Sonne glitzern – Perlen, vom Himmel gefallen. Wohlbekleidet, sonntäglich angetan, sitzen die Eheleute und Inge in der Wohnstube, erquicken sich an heißem Tee, aus frischer Zitronenmelisse gebrüht, lächeln stillvergnügt über ihr Abenteuer im Paradies.

Die Schafe sind wieder draußen und tummeln sich auf der Wiese hinter dem Zaun mit Behagen im regenfrischen Gras.

Die Sonne lacht, als hätte sie diesen Unfug mit dem Gewitter angestiftet, ihre Strahlenkinder tanzen übermütig auf einem Regenbogen aus seltsam schillernden Farben.

Der Wind bläst mit Eifer grüngoldne Lichtkugeln durch die regenschweren Zweige der Pappeln; wie eines vergnügten Jungen Seifenblasen wirbeln sie durch die Blätter, leuchten auf und vergehen im Dunkel der Bäume.

Da kommt aus kühler Kellertiefe, verschlafen noch und etwas verstört, Erdmute wie ein grauer Erdgeist herausgeschlurft. Leicht verschnupft sieht sie aus, die gute Alte, vom langen Fußbad oder – weil man so vergnügt und gutgelaunt beisammensitzt und über etwas lacht, daran sie keinen Anteil gehabt hat.

Ein paar besonders vorwitzige Sonnenstrahlen stehlen sich durchs Fenster und zaubern ein zaghaftes Lächeln in ihr kleines Altjungferngesicht, während ihr Herr, in humoriger Weise, ihr vom schadlos überstandenen Erlebnis dieses Sonntagsnachmittag erzählt.

Gelbe Narzissen

(Ein Duft, ein Hauch von Heimat)

Sie stand am geöffneten Fenster und weinte. „Verdammt noch mal, Charlotte, nun nimm's doch nicht so tragisch, was ist denn groß passiert, na ja, eine Sauerei ist es schon . . ."

Die Stimme hinter ihr gehörte zum zwölfjährigen Enkelsohn, der nicht begreifen konnte, daß sie nun so von Tränen eingeregnet war wegen der Narzissen, die jemand in der vergangenen Nacht aus dem Vorgarten gestohlen hatte. Alle. Alle. Klar, sie hatten wunderschön geblüht, waren eine wahre Pracht gewesen. Auf allen Beeten, vor der Hausmauer, den ganzen Weg entlang bis an die Pforte. Wer vorbeispazierte, hatte sie bewundert, sich drüber gefreut. Und die Nachbarn flüsterten jedes Jahr: ja, ja, Charlotte und ihre Narzissen! Auch ihre Kinder hatten stets gesagt: das mit den Narzissen ist so'n Tick von unserer Mutter. Narzissen – Osterglocken! Sie schmückten schon die Weihnachtsstube; zu ihrer Zeit im Frühling das Grab der Eltern und deren Bild im Wohnzimmer, das auf einem alten Nähtischchen seinen Ehrenplatz einnahm, seit vielen Jahren. Und im Garten blühten sie, verschwenderisch. Noch nie hatte sich jemand an ihnen vergriffen. Und nun dies!

„Omi, komm, laß uns frühstücken, ich hab' Hunger", kam's von hinten. Er sagte „Omi", dann war er sehr bewegt und gerührt, so auf seine Art. Eben wie ein richtiger kleiner Bowke. Sie drehte sich um, lächelte und sagte: „Ja, Albertchen, hast recht."

Er verbrachte manchmal ein Wochenende bei den Großeltern. Als sie ihn am Sonntagabend heimbrachten, erzählte der kleine Albert natürlich zweilangzweibreit die Geschichte von den geklauten Narzissen. Seine Mutter versuchte, ihn von diesem brisanten Thema abzulenken, weil es um Großmutters Mund schon wieder so zuckte und zitterte. Auch über ihre Herkunft, die verlorene Heimat im Osten wurde selten mal ein Wort verloren. Das war Vergangenheit. Sie waren hier in Schleswig-Holstein zuhause, dies war ihr Land.

Später, beim Gutenachtsagen, fing er natürlich wieder davon an: „Charlotte hat sich wirklich mächtig aufgeregt, weißt du, ist ja auch sehr ärgerlich, Opa hat doll geflucht, aber so hätte sie nun nicht zu heulen brauchen wegen der Blumen, oder?" Die Mutti strich über seinen wirren schwarzen Haarschopf, seufzte ein wenig, dann meinte sie: „Es ist alles so schwer zu erklären, aber sieh mal, für Großmutter sind die Narzissen eben doch mehr als nur

Blumen, die ihr jetzt geklaut wurden. Weißt du, Albert, sie sind Charlottes Erinnerungen an Zuhause, an damals. Bist du sehr müde, mein Herz . . . nein, na denn, du kennst doch die dicke schwarze Kladde, sie steht im Bücherregal, Großmutter hat sie mir mal gegeben. Da hat sie alles hineingeschrieben, na ja, so Erinnerungen an ihre Kindheit, auch all das, was ihre Mutter ihren Kindern erzählt hat, na – eben die alten Geschichten, auch die von den Narzissen. Wenn du willst . . .“

„Gib schon her, kann sowieso nicht schlafen nach dieser scheußlichen Aufregung heute.“

„Ach, du Ärmster“, ging die Mutti lachend auf seinen Ton ein, und sie legte die alte schwarze Kladde auf sein Bett, „hier, mach' eine Reise, folge einmal Charlottes Spuren, morgen . . .“

Und ganz leise verschwand sie aus dem Zimmer. Er blätterte in der dicken Kladde herum. Nein – ein Tagebuch war dies nicht. Das Niedergeschriebene schien aus lauter einzelnen Geschichten zu bestehen. Alle hatten einen Titel und waren mit hübschen Zeichnungen, teils mit Bunt- teils mit Bleistift, hier und dort hingetupft, liebevoll ergänzt. Die zierliche, akkurate Schrift konnte er auch gut lesen, er kannte sie aus vielen Briefen und von tausend Ansichtskarten. Die Überschriften kündeten von vielen Erlebnissen: Sonntag in Nidden – Bootsfahrt auf der Memel – Markt in Heydekrug – Dampferfahrt nach Tilsit – Unser Garten an der Pokollna – und so weiter . . . Neben der Geschichte, die seine Mutter für ihn mit einem Lesezeichen versehen hatte, blühten auf jeder Seite Narzissen . . . Narzissen . . . einzeln, zum Strauß geordnet, am Flußufer unter einer Birke, neben einem Grabstein . . . leuchtend gelbe Osterglocken. Er hatte gar nicht gewußt, daß Großmutter so gut zeichnen konnte. Na, ein bißchen schon, er erinnerte sich, doch soo – nein. Der Titel der Geschichte, die er nun lesen sollte: Ein Duft, ein Hauch von Heimat
(für meine Kinder und Enkel, damit nichts in Vergessenheit gerät, nichts . . .)

Begonnen hatte diese Geschichte von den Narzissen – na, wie's eben mit ihnen beginnt, mit den Zwiebeln natürlich. Das Emmchen bekam einige Hände voll dieser kleinen, wenig versprechenden Dinger von der Gärtnersfrau in die aufgehaltene Schürze geschüttelt.

„Trag sie fein nach Haus, Marjell und verlier sie nicht beim Hopsen, du luchternes Ding. Bring sie der Mutter mit einem Gruß von der alten Pansegrau. Und nun troll dich.“

„Hier, Mamache, die Zwiebeln.“

„Was fiere Zippeln?“
„Na, die von der alten Pansegrau.“
„Was dalberst man bloß wieder rum, Emmchen, die alte Pansegrau winscht mich eher bis inne Pojiften, als dasse mir de Zippeln wird mitjeben. Jeh, jeh Marjell, wo hast se dir besorgt?“
„Aber nei, se hat se mir man selbst jegeben – un war kein bißchen boßig dabei, nei . . .“
„Hm – na, laß sehn dem Krätsch.“
Es hatte da einen Streit gegeben zwischen den Nachbarinnen. Schade, wo es sich doch sonst stets über den Zaun so herrlich nabern ließ.
Und schließlich waren hier im Stromland die einzelnen Gehöfte weit genug voneinander entfernt, um in friedlicher Nachbarschaft zu leben und die bald zu erreichende Nähe des anderen zu schätzen. Ach ja, der Streit! Die Kinder, dieses biestige Volkchen, hatten – weil die Gärtnersfrau sie beim Plündern der Stachelbeerbüsche erwischt und ihnen, ohne Umstände zu machen, eins getachelt hatte – einen Vers gemacht, den sie bei jeder Gelegenheit aus ihren Verstecken hören ließen. Na, so ein Verschen, wo sich Pansegrau auf Buszebau reimt. Das hatte dann dazu geführt, daß sich die beiden Frauen nicht mal auf dem Kirchgang grüßend zunickten.
Und nun die Zippeln!
Das Emmchen mußte sie selbst in die Erde bringen, sie reichten den ganzen Weg entlang, der vom Strom durch den Garten bis ans Haus führte. Und die beiden Frauen machten bei einem Toppche Tee endlich dem Heckmeck mit dem Buszebau ein friedliches Ende.
Und Zeit geht hin . . .! In jedem Frühjahr, wenn das Hochwasser, zu sanfter Flut gebändigt, wieder im alten Strombett dem Meer zufloß, wenn die Winde gelinder wurden und allerortens frisches Blattgrün sprießte, dann hatten es auch die Narzissen eilig, mit ihrem Leuchten ein paar Mädchenaugen zum Strahlen zu bringen. Emmchen, den Kinderröckchen entwachsen, war längst eine luchterne Marjell. Wenn die Mutter ihre schwellenden Formen mit kritischen Blicken umrundete, sagte sie wohl zum Vater: „Achoi, Alter, wird Zeit, daßde ’nem großen Hund anschaffst, de Bowkes haben mir gar zu jielige Augen, wense der Marjell nachblinkern“, und schickte ihren Worten ein paar kleine Seufzer hinterher. Vater beruhigte sie dann: „Jeh, jeh, Mamachen, de spacheistrije Madam ist man grad siebzehn und hat noch nie nich solche Flausen im Koppche, oder?“
„Weiß nich, weiß nich, neulich, de alte Pansegrau, die meinte,

was euer Emmchen is, die is man auch so karsch jeworden, die sieht einem kaum noch – na, was willst wissen, so jnidderig wie de annern Marjellens war unser Emmchen nie nich."

Das stimmte, die Burschen im Dorf konnten ihr gestohlen bleiben, aber – wenn der Albert ihren Weg kreuzte, wenn er ihr über den Fluß herüber einen Gruß zuwinkte, dann blühte sie auf, wie die Narzissen – oder auch Rosen – im Gutsgarten. Dort war der Albert Inspektor. Ein Kerl wie ein Bild. Wenn Emmi an ihn dachte, bekam sie regelrecht eine Gänsehaut. Wenn er gar noch – es kam vor, daß sie sich irgendwo am Fluß oder im Dorf begegneten – sacht ihren Arm nahm und leise zu ihr sagte: „Palauk man bischke ...", dann klopfte ihr das Herz wie zum Zerspringen. Die schwarzen Pupillen seiner stets lustig zwinkernden Augen blitzten dann nur so, und das ebenso schwarze Bärtchen saß ihm ziemlich verwegen über dem ständig vergnügt pfeifenden Mund. Neulich erst meinte die Mutter: „Weiß der Deibel, wem dieser Rachaler all wieder am Bekuren is, dem janzen lieben Sonntag lang schleicht dies Mensch hier um de Puschienchen rum."

Das war arg gewesen, denn es sollte ihr erstes heimliches Stelldichein werden. Er habe mit ihr etwas Wichtiges zu bekunkeln, hatte er ihr des Morgens beim Kirchgang zugeflüstert. Nuscht war! Der Albert würde sie nun wohl mit keinem Auge mehr beokeln. Es war zum Dammlichwerden.

Und dann kam's doch wieder ganz anders. Mutter machte sich eines Tages auf, angezogen wie zu einem Besuch in Heydekrug, und sie tat sehr geheimnisvoll. Am nächsten Tag wurde es noch verrückter. Emmi mußte es sich gefallenlassen, von allen Seiten abgemessen zu werden. So, als wollte man ihren Körper pfund- oder zentimeterweise ergründen. Rosa-rote Wolken von Tüll und Satin füllten plötzlich die kleine Wohnstube aus. Wunderschön – prächtig geradezu. Mutters Hände verfuhren nicht eben sanft mit dieser Pracht. Das Emmchen bekam auf die Frage, was denn bloß los sei, stets die Antwort: „Wirst all sehn, wacht man, wirst all sehn." Na ja, Zauberei. Schließlich erfuhr Emmi doch die atemberaubende Neuigkeit, daß sie auf der Hochzeit der Tochter des Gutsbesitzers eine der Brautjungfern sein durfte. „Und der Brautführer?"

„Den sucht das Fräulein selbst aus." Ach – so also! Na, das konnte ja was werden. Sie hatte schon gar keinen Spaß mehr, wenn sie daran dachte, daß der Albert sich den ganzen Tag lang mit irgend solcher Lusze amüsierte. Nach dem Reinfall neulich. Ogoll, ogoll ...!

Ein Frühlingstag, wie geschaffen für eine echte ostpreußische

Hochzeit. Im Garten die Marjell wie eine duftige Wolke. Nur über den erwartungsvoll blickenden Augen lag so etwas wie ein dunkler Schatten. Da schrie die Mutter auch schon: die Kutsche kommt – und wischte sich schnell die Hände am Schürzenzipfel ab. Emmi wurde es eng unter dem rosaroten Mieder. Die Hände in den zarten Garnhandschuhen wurden feucht.

„Ich seh gar nicht hin", sagte sie noch zum Vater, da hatte sie längst ein Auge riskiert und trotzdem nichts weiter wahrgenommen als einen großen Strauß leuchtender Narzissen. Der ihn in der Hand hielt, beugte sich gerade tief über Mutters Hand mit den Worten: „Es ist mir eine ganz besondere Ehre, gerade Ihre Tochter heute als Tischdame und Tanzpartnerin an meiner Seite zu haben." Und wie er aussah! So richtig vornehm. Über diese Hochzeit wurde noch lange, lange in den höchsten Tönen gesprochen. Wo nich!

Von nun an war der Albert sonntags – so bei Glumskuchen und Johannisbeerwein – ein gern gesehener Gast im kleinen Haus am Strom. Und Emmchen glühte und leuchtete mit den Narzissen um die Wette. Und das blieb auch so.

Als der forsche Kavalier jedoch so kurz vor Weihnachten – man schrieb das Jahr 1914 und im ganzen Land rückte das junge Mannsvolk an die Front – ganz offiziell zu den Alten von Verlobung sprach, da sagte der Vater erstmal ein Weilchen nichts, um nach geraumer Zeit des Nachdenkens nur mit dem alten ostpreußischen Spruch zu antworten:

„Der liebe Gott hat uns die Zeit gegeben, von Eile hat er nichts gesagt."

Aus der Traum. Als die Narzissen wieder blühten, prachtvoller denn je und in einer Fülle, daß ihr Leuchten die Augen blendete, da marschierte der Soldat Albert gerade westwärts . . . im Gleichschritt, marsch! Natürlich kam er wieder, sonst hätte ich ja diese Geschichte nicht schreiben können. Er konnte bloß seine Emmi bei der Begrüßung (und auch später nie) in beide Arme schließen, den linken Arm hatten ihm die Franzosen nicht wieder mitgegeben. Macht nuscht.

Jedenfalls wurde aus den beiden ein stattliches Hochzeits- und glückliches Ehepaar.

Von nun an floß ihr Leben eigentlich so dahin, wie auch das Wasser des Stromes seine vorgeschriebene Bahn zog: mal sanft geglättete Wellen, mal hochbrausende Wogen, mal spiegelte sich eine heitere Sonne in glatten Fluten, mal hingen drohende Wolken über wütend gurgelnder Strömung.

Als sichtbares Zeichen dafür, daß ihre Ehe und das einfache Leben hier am Strom gesegnet waren, nahm Frau Emmi nicht nur die Tatsache hin, daß ihr Mann auch mit einem Arm dem Gut ein vollwertiger Inspektor blieb, daß ihre vier Kinder robust und vergnügt heranwuchsen, daß sie – zusammen mit den Alten – ein beschauliches Leben führten, nein – nicht nur das, auch die Narzissen bestimmten ihr Leben im Jahresablauf. Ja, das war so. Aus dem Beweis guter, herzlicher Nachbarschaft erwuchs ihnen solch ein Segen, daß der Albert beschloß, ein Geschäft daraus zu machen. Ein sich wirklich lohnendes! So wurden forthin nicht nur die Blumen in jedem Frühjahr auf dem Markt der nahen Kreisstadt verkauft, sondern auch die Zwiebeln regelrecht im Großhandel zum Kauf angeboten. Das Geschäft blühte, und wie.

Diese gelben, leuchtenden Glocken schienen wirklich dazu auserwählt zu sein, in dieser Familie Freud und Leid einzuläuten. Darum war es nicht verwunderlich, daß Großmutter grad in dem Augenblick, als sie mit einem Arm voller Narzissen, die sie geschnitten hatte, damit ihr Alterchen sie zum Markt bringen sollte, heimgerufen wurde von dem großen Gärtner, der am besten weiß, wenn verwelktes Laub zum Hinsterben bereit ist. Und ein Jahr später – zur gleichen Zeit – folgte der Alte ihr nach.

Albert, jetzt Hausherr auf dem kleinen Anwesen am Strom, war noch immer der forsche, drahtige Kerl von einst. Mit verwegen blitzenden Augen, gepflegtem Schnauzbart und nun leicht grauen Schläfen. Frau Emmi bekam noch immer ein bißchen Gänsehaut, wenn er sie so von der Seite ansah, wenn er seinen einen Arm um sie legte, sacht über ihre etwas zu drall gewordenen Formen strich und leise sagte: „Komm, Altsche, komm – palauk man bischke . . .“ Dann setzte sie sich wohl ein Weilchen – oder auch zwei – zu ihm auf die alte Bank am Ufer. Nicht so sehr, weil sie der Ruhe bedurfte, sondern weil es dann meist sein Armstumpf war, der ihn zwang, besonders bei Wetterumschlag, eine Pause einzulegen.

Und Zeit geht hin . . .

Hans, der Älteste, war in Königsberg im ersten Semester seines Medizinstudiums, Albert in der Lehre bei einem Gärtner in der nahen Kreisstadt, die blonde Ingrid und die schwarze Charlotte drückten noch immer mit mehr oder weniger Eifer die Schulbänke, da rüstete die Welt zu einem neuen Krieg. Der Vater, ehemaliger Oberleutnant, mußte ab sofort auf einer militärischen Dienststelle in Tilsit seinen vaterländischen Pflichten nachkommen. Hans folgte begeistert dem Ruf: Wer will unter die Soldaten! Und der jüngere, der Lorbas Albert, konnte die Zeit nicht erwarten, es seinem Bruder gleichzutun.

„Ogoll, ogoll . . . was fiere Not", seufzte die Mutter und werkelte verschichert und verbiestert in Haus und Garten herum. Und niemand sagte mehr leise zu ihr: „Komm, palauk man bischke, Mamachen."

Hans fiel 1941 in Frankreich, der übermütige Albert 1943 in Rußland. Daß sie die beiden verlieren mußten, einfach so, das war schlimm für die Mutter, daß sie kein Grab hatte, zu dem sie all ihre Not und Verzweiflung tragen konnte, ließ sie in Trauer erstarren. Ingrid war weit, in Malente als Rot-Kreuz-Helferin, Charlotte suchte selbst noch Schutz und Trost. Albert kam, so oft sein Dienst es zuließ. Aber sein Schnauzbart war weiß geworden und seine Augen hatten ihren Glanz verloren. Er sprach kaum noch und lief durch Haus und Garten wie ein Fremder.

Sorge und Hoffnungslosigkeit wucherten von nun an ebenso wie die Narzissen im Garten und am Ufer des Stromes. Alles geriet außer Sinn und Verstand. (Wer von euch, die ihr später meine Aufzeichnungen lest, wird unsere Verzweiflung, unsere Not und sprachlose Ohnmacht nachvollziehen können, niemand von euch wird ermessen können, was . . . Charlotte)

Als sie sich dann aufmachten im großen Treck nach Westen, lag Albert krank im Lazarett. Weil er so drängte, so bat und zuredete, darum nur spannte auch Emmi die beiden Pferde vor den Planwagen, mit dem sonst die Blumen, die Zwiebeln, auch Gemüse und Früchte zum Markt gebracht wurden. So reihten sie sich dann ein in diesen Zug des kalten Elends. Den Weg, den sie nahmen, kennen wir alle, darüber bleibt an dieser Stelle nichts mehr zu berichten. Im Herbst 1945 endete ihre Irrfahrt schließlich in Malente.

Charlotte ließ sich von Ingrid gern die beiden Koffer abnehmen. Sie enthielten alles, was ihnen geblieben war. Oder doch beinahe! Die Mutter konnten sie nicht dazu bringen, sich von dem kleinen Sack zu trennen, den sie krampfhaft umklammert hielt.

„Was hat sie bloß drin?" fragte die Ältere leise.

„Na, was wohl, de Zippeln, dammliche Marjell."

Und da endlich konnte Charlotte weinen.

Emmi kümmerte sich um nichts, was immer der Preis für einen Knust Brot auch ausmachte. Sie hatte man bloß die eine Sorge auf sich genommen, die Mühe, ein Stück Land zu finden, damit sie die Blumenzwiebeln noch rechtzeitig in die Erde bringen konnte. Ein Stück Land – ein Stück Heimat!

Mit Ingrids Hilfe, Umsicht und Beziehung, schaffte sie das auch. Eine hübsche, kleine Mansarde. Ländlich die Gegend, und doch in Stadtnähe. Als sich im nächsten Frühjahr wirklich die ersten Blattspitzen und Knospen zeigten, da dachte sie bloß: auf den Gräbern, daheim, da wachsen sie nun auch weiter, ohne Pflege, im Garten bestimmt ebenso, – aber, mein Gott, die Bowkes, die beiden Jungchen ... –

Weithin leuchtete das große Beet vor dem Haus. War ihr Trost und Hoffnung zugleich.

Vom Vater sprachen sie nie, wenn die Mutter in der Nähe war. Nein, wozu – da gabs nichts zu reden. Frau Emmi hütete die Sorge um ihn heimlich. Dies war ihr Kummer. Er sollte ihr allein gehören. Ihr allein. Er war ja alles, was ihr geblieben war von Zuhause. Und die Narzissen.

Als er dann Anfang Mai 1947 plötzlich am Gartentor stand, ausgemergelt und blaß, als sie von ihrer Arbeit an den Beeten aufblickte, geradewegs in seine Augen, da tat sie kein bißchen erstaunt, da sagte sie man bloß: „Hast mich all leicht finden können, was Alterche?“ Und ehe er sie noch umfangen konnte, ehe sie es zugelassen hätte, tat sie noch einen langen seligen Blick über das Beet mit den leuchtend gelben Blütenglocken. Und er verstand und wußte alles.

Nahm sie beim Arm, wartete geduldig, bis sie sich die schmutzigen Hände an ihrem Schürzenzipfel abgewischt hatte, hielt sie dann fest und sicher und sagte man bloß: „ ... und nun komm, mein Altchen, komm ... palauk man bischke ...“

Morgen ... hatte die Mutter zu ihm gesagt. Das war erstmal die übliche Hektik; sie packte ihre Tasche für's Büro, er seine für die Schule. Das Familienoberhaupt war ihnen schon vorausgeeilt. Für eine Schüssel Cornflaces reiche die Zeit noch, rief die Mutter aus dem Bad. Er liebte Cornflaces mit kalter Milch. Also los. Als sie sich in der Küche gegenübersaßen, war zuerst nichts weiter zu vernehmen, als das Gekraschel, das ein Maisflocken-Frühstück nun mal verursacht. Dann zeigte der Junge plötzlich auf das sehr hübsche Dekolleté seiner Mutti und meinte: „Das ist doch ein Bernstein, oder?“ Natürlich sei es das, Urgroßmutter Emmi habe den von ihrem Mann zur Hochzeit bekommen und sie von Charlotte zu seiner, Alberts Geburt. Warum sie ihn dann so selten trüge, er sei doch sehr schön, er sei so leuchtend wie die Osterglokken, na – du weißt schon. Er sei sehr kostbar und sie habe stets Angst, ihn zu verlieren.

„Ich habe seinen Namen gekriegt, nicht wahr?“

Ja, ob er denn ärgerlich sei wegen seines altmodischen Namens; alle, die ihn noch gekannt haben, sagen, er sei ihm sehr ähnlich ... das schwarze Haar, die dunklen Augen, na – überhaupt.

„Quatsch, Tina, hast du dich je geärgert, weil du Katharina

heißt? Das muß ja wohl die Mutter von Emmi gewesen sein?"
Nein, sie sei immer sehr stolz auf diesen Namen gewesen, aber nun müßten sie sich auf den Weg machen, sonst kämen sie zu spät.

Als er vor der Schule aus dem Auto stieg, bevor er die Wagentür zuschlug, grinste er sie so recht in Albertscher Manier an und sagte:

„Wie ich dich kenne, wirst du sofort vom Büro aus mit Charlotte telefonieren, sag ihr, ich möchte am Freitagabend abgeholt werden, habe Sonnabend keine Schule, außerdem müßte ich etwas sehr Wichtiges mit Charlotte bekunkeln."

„Bekunkeln, was ist das denn?"

„Ja, ja, Französisch und Englisch paukst du in mich hinein, aber Ostpreußisch verstehst du nicht."

Er schwenkte seine Schultasche, winkte ihr heftig zu – und war schon verschwunden.

Tina zündete sich eine Zigarette an, ehe sie den Wagen startete, nahm ein paar heftige Züge, dann gab sie Gas, düste los, und während sie so dahinfuhr, dachte sie: ich muß mir die alte Kladde auch wieder einmal herkriegen, na ja – die alten Geschichten. Und sie dachte auch, daß es doch gut sei, daß Charlotte alles aufgeschrieben, aufgezeichnet hatte, damit es niemals verlorengehen könnte.

Der Weg zurück

Anfang März in Friedland. Es schneit und regnet noch immer. Seit Tagen schon schüttet der Himmel die Nässe aus tiefhängenden Wolken. Die Felder liegen noch weiß und unberührt. Erdbraun dehnt sich dazwischen das Band der Straße.

Die Frau stapft unverdrossen durch Schneematsch und Kälte. Sie geht aufrecht, erhobenen Hauptes. Die Hände stecken tief in den Taschen eines schäbigen, doch scheinbar warmen Mantels. Sie blickt angestrengt geradeaus, als erwarte sie jemand. Nicht irgend jemand, denn in ihren Augen streiten viele Empfindungen miteinander: Erwartung, Freude und Angst, Mutlosigkeit und unendliche Hoffnung.

Die Landstraße mit kahlen Bäumen zu beiden Seiten verbirgt nichts, die Frau sieht seit Stunden dies unveränderte Bild: grauschwarzes Geäst der Apfelbäume, die schmucklos auf Blüte und Frucht warten, zugeschneite Felder, wo vereinzelt Krähen hokken und krächzend Klage erheben, hinter ihr das Lager.

Die Frau erreicht die Kreuzung, bleibt stehen und blickt nach rechts und links. Kein Mensch ist zu sehen, kein Auto. Die Stille hängt schwer in der Landschaft. Die Frau schüttelt sich, Schnee fällt von Kopftuch und Mantel. Das Gesicht ist feucht wie die grauen Haarsträhnen, die sich aus dem Wolltuch gelöst haben. Nur die Augen in diesem von Leid gezeichneten Antlitz strafen alle erkennbare Mutlosigkeit Lügen.

Dieses Ausharren, die Erwartung sind wie eine Kampfansage an das Unvermeidliche dieses Tages, ein Sichhineinwerfen in einen Kampf, der noch ausgefochten und bestanden werden will. Aus dem Feldweg kommend biegt ein Holzfuhrwerk in die Hauptstraße ein. Ein älterer Mann klettert vom Wagen, mißmutig trottet er neben seinen Gäulen her, damit er sich warmlaufe.

Die Frau beachtet er nicht. Sie ist ihm fremd. Wäre sie hier aus dem Dorf, hätte er ihr wohl einen Gruß oder mindestens ein paar Worte über das schlechte Wetter zugerufen. Der Pferdewagen verschwindet langsam in der Ferne. Die Frau schaut ihm nach, als hätte er all ihre Hoffnungen mit hinweggenommen. Sie geht zurück. Unschlüssig erst, andauernd den Kopf in Richtung Hauptstraße gewendet, strebt sie nun dem nahen Flüchtlingslager zu. Im Schnellergehen öffnet sie den Brief, diesen arg zerlesenen Fetzen Papier: . . . warte auf uns, wir holen Dich nach Hause, gegen 11 Uhr sind wir in F . . . wir freuen uns . . . Dann eine kurze Nachricht, daß man mit dem Auto komme und „Grüße von uns allen“. Das sind der Sohn, seine Frau und die beiden Kinder. Sie kennt sie nicht, spärlicher Briefwechsel hat weniges nur berichtet. Das Wenige, das sie so unbeschreiblich niederdrückt vor freudiger Unruhe und Angst. Zwanzig Jahre Sibirien! Die Frau stöhnt laut. Es kommt wie ein Schrei über die schmalen blutleeren Lippen. Wie ein gehetztes Wild jagt sie über die gepflasterten, saubergefegten Wege durch das Lager. Vor der Baracke, darin sie sich zum ersten Male wieder nach all den Jahren wie ein Mensch gefühlt hat, steht das Auto! Sie haben einen anderen Weg genommen.

Die Frau verhält den Schritt. Ihr ist übel wie vor einem Erbrechen. Das Herz klopft wild gegen die Rippen. Sie fühlt jeden Schlag, jeden einzelnen, an der Innenseite ihrer linken Hand, die sie gegen den mageren Brustkorb gepreßt hält. Sie schaut ängstlich um sich, schleicht dann zurück bis zu der anderen Seite des Lagers, wo – verdeckt von einigen Tannen – eine Bank steht. Hier haben schon viele vor ihr gesessen und gewartet. Sie faltet die blaugefrorenen Hände, ringt um Ruhe und Sicherheit.

Sie weiß, wenn sie nicht freudig und gelöst den Menschen gegenübertritt, die sie nach Hause holen wollen, die sie Mutter nannten – schon in den Briefen, wenn sie unsicher ist in ihrer Haltung, wird der damals begangene Betrug offenkundig. Noch jetzt, nach langen, langen Jahren:

Januar 1945. Sie waren aus Wischwill, nahe der polnischen Grenze, vor vielen Wochen aufgebrochen und im Treck seitdem unterwegs gewesen. Sie waren Straßen des Grauens gezogen und Wege unbeschreiblicher Leiden gefahren. Dann mußte sie zurückbleiben. Ein Soldat erschoß ihr Pferd, das auf eisharter, holpriger Straße zu Fall gekommen war. Sie war dem jungen Kerl dankbar dafür gewesen, hatte ihm einen dünnen Streifen Speck und ein Stück vom harten Brot gegeben. Sicher in der Hoffnung auf ähnliche Raritäten, hatte er ihr Fuhrwerk mit seinem Geländewagen aus dem Treck heraus und ins nächste Dorf gezogen. Eine Turnhalle, mit feuchtem Stroh ausgelegt, nahm sie und die Kinder nun auf.

Der Soldat kam in den nächsten Tagen häufig vorbei, sie und die beiden Kinder gewöhnten sich an seine Fürsorge. Sie teilten auch die wenigen Nahrungsmittel miteinander. Sein Truppenteil lag auf dem Rückmarsch hier fest. So warteten auch die Flüchtlinge, von denen über die Hälfte plötzlich an Darmgrippe erkrankte. Auch ihre beiden Kinder, die – ohnehin entkräftet und ausgelaugt – nach bangen Stunden und Tagen an einer Lungenentzündung starben. Sie waren sechs und vier Jahre alt geworden.

Die Frau schloß ihnen die gebrochenen Augen und der Soldat

half ihr beim Ausheben eines Grabes aus der hartgefrorenen Erde. Er half, die kleinen Leichen in Zeltplane zu wickeln und in die kalte Grube zu betten. Er kam auch danach noch manchmal, saß bei ihr – und sie schwiegen. Er drängte sie nicht zur weiteren Flucht, wußte, daß sie diesen Ort freiwillig nicht mehr verlassen würde. Er verschaffte ihr eine warme Unterkunft im Gemeindehaus. Eines Nachts wurde sie durch anhaltendes Klopfen am Fenster aus unruhigem Schlaf gerissen. Sie öffnete ihm die Tür, und er trug das Kind auf seinen Armen herein. Mühsam atmend legte er es auf ihr Bett, seine Stimme war rauh: Eltern von Tieffliegern erschossen, dieser – ungefähr sieben Jahre alte Junge – hatte krank, aber sicher geborgen im Wagen gelegen, der vom Treck abgekommen war. Er war unverwundet, fieberte stark und phantasierte. Der Soldat blickte flehend und auch aufmunternd von der Frau zu dem kranken Kind – und war schon verschwunden, ehe sie noch etwas sagen konnte.

In derselben Nacht setzte sich sein Truppenteil weiter nach Westen ab.

Sie aber hatte nun ein Kind ohne Namen und ohne Wissen um seine Herkunft. Der Junge rief in wilden Fieberträumen viele Namen, immer wieder jedoch nach seinem Mamache, immer wieder. Die Frau nannte den Jungen einfach beim Namen ihres verstorbenen Kindes und pflegte ihn in qualvollen Tagen und Nächten gesund. Er blieb apathisch, war weder erstaunt noch verwundert, sie stets um sich zu sehen. Er hörte ohne Widerspruch auf den Namen, den sie ihm gegeben und nannte sie Mutter. Nur selten noch weinte er im Schlaf. Kamen die quälenden Träume wieder, dann rief er wohl flehentlich nach seinem Mamache, doch die Frau weckte ihn dann, wiegte ihn tröstlich in ihren Armen und sang leise Lieder, wie sie es auch sonst mit ihren Kindern getan hatte.

Niemals nannte er sie zärtlich Mamache, aber er hing wie eine Klette an ihr; er entfernte sich nie aus ihrer Nähe. Als die Russen näherkamen und all die anderen Flüchtlinge sich aufmachten, weiter westwärts zu ziehen, packte auch sie ihre paar Habseligkeiten zusammen. Sie hängte dem fremden Jungen die goldne Kette um den Hals, daran das Leinensäckchen befestigt war, worauf sie Namen und Herkunft ihres eigenen Sohnes gestickt hatte. Die gleiche Kette mit dem Namen ihrer Tochter behielt sie bei sich, nachdem sie die wertvollen Schmuckstücke sorgfältig ausgewählt und auf beide Leinensäckchen verteilt hatte. Der Junge ließ alles mit sich geschehen, verfolgte nur angstvoll Tag für Tag jede ihrer hastigen Bewegungen, wenn sie unruhig im

Zimmer hin und her lief. Er hatte panische Angst alleinzubleiben.

Eine mondhelle Nacht im März brachte den endgültigen Befehl zur schnellen Flucht. Sie kamen nicht weit. Die Frauen wurden geschlagen und gepeinigt, das Grauen hatte sie wieder eingeholt. Jahrelang, wenn der helle Mond über Sibirien stand, hörte sie wieder und wieder die schrillen Schreie aus entsetztem Kindermund.

Irgendwann versetzte ein Kolbenschlag sie in Ohnmacht. Bewußtsein und Erinnerung kamen erst zurück, als das Weinen und Wimmern in ihren Ohren dröhnte, als Kälte und Gestank in dem Eisenbahnwaggon unerträglich wurden.

Dann kam Sibirien.

Jede menschliche Regung erstarrte, jede Sehnsucht erlosch, jede Hoffnung wurde getötet. Bis der Brief kam, darin stand, daß ein junger Mann seine Mutter seit Jahren gesucht und hier nun endlich gefunden hatte. In Sibirien.

Da erwachte der Mensch, da schrieben harte, ungelenke Finger einen Brief, da verschmierten Tränen die ohnehin kaum lesbaren Worte. Die wenigen.

Nun sitzt sie hier. Und dort in dem schmucklosen Barackenraum wartet ein Sohn auf seine Mutter. Die Frau starrt auf ihre gefalteten Hände. Sie sind weiß geworden, so haben sich die Finger ineinander verkrampft. Die Lippen bewegen sich zu inbrünstigem Gebet, wie es nur ein Mensch in tiefer Not und Bedrängnis sprechen kann. Dann geht sie doch. Und ihre Füße tragen sie leicht, als steckten sie nicht mehr in schweren nassen Stiefeln. Sie öffnet die Tür, atmet tief und tritt ein. Am Fenster steht der junge Mann. Sie sieht seine schmale Gestalt, den wohlgeformten Kopf, die leicht gebeugten Schultern. Nur ihn sieht sie. Er mußte den Blick im Rücken gespürt haben, langsam dreht er sich um. Auge in Auge verharren die beiden Menschen. Eine lange Zeit. Die Frau weiß: in diesem Augenblick liegen für sie Leben oder Tod. Aber sie senkt nicht die Augen, sie sammelt alle Kraft, allen Mut in diesen ersten Blick. Die junge Frau und die Kinder sind zur Tür hinausgegangen. Leise fällt sie ins Schloß. Da erst löst sich die Gestalt langsam vom Fenster. Wenige Schritte trennen sie voneinander. Doch es ist ein langer Weg von dort bis zu ihr. Sie geht ihm nicht entgegen. Erst als er greifbar vor ihr steht, hebt sie beide Arme empor. Da fühlt sie seinen Kopf an ihrem Kopf, seinen Mund an ihrem Ohr: ... Mamache ... –

Inhaltsverzeichnis